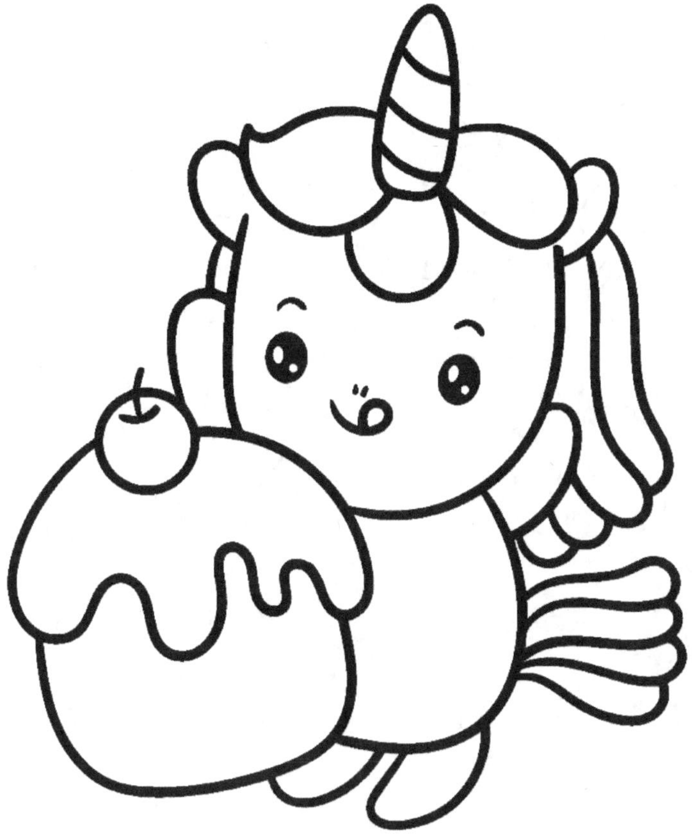

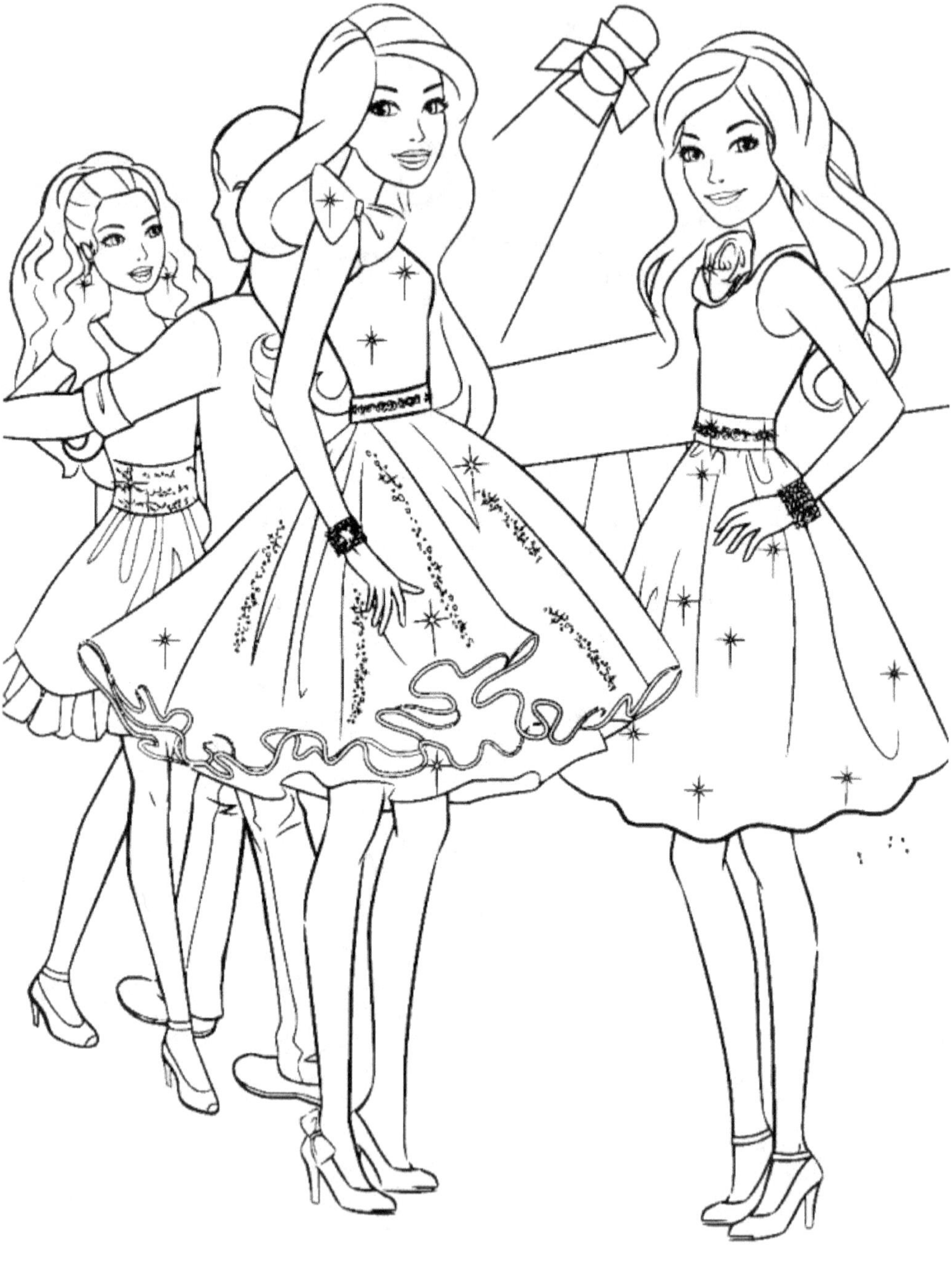

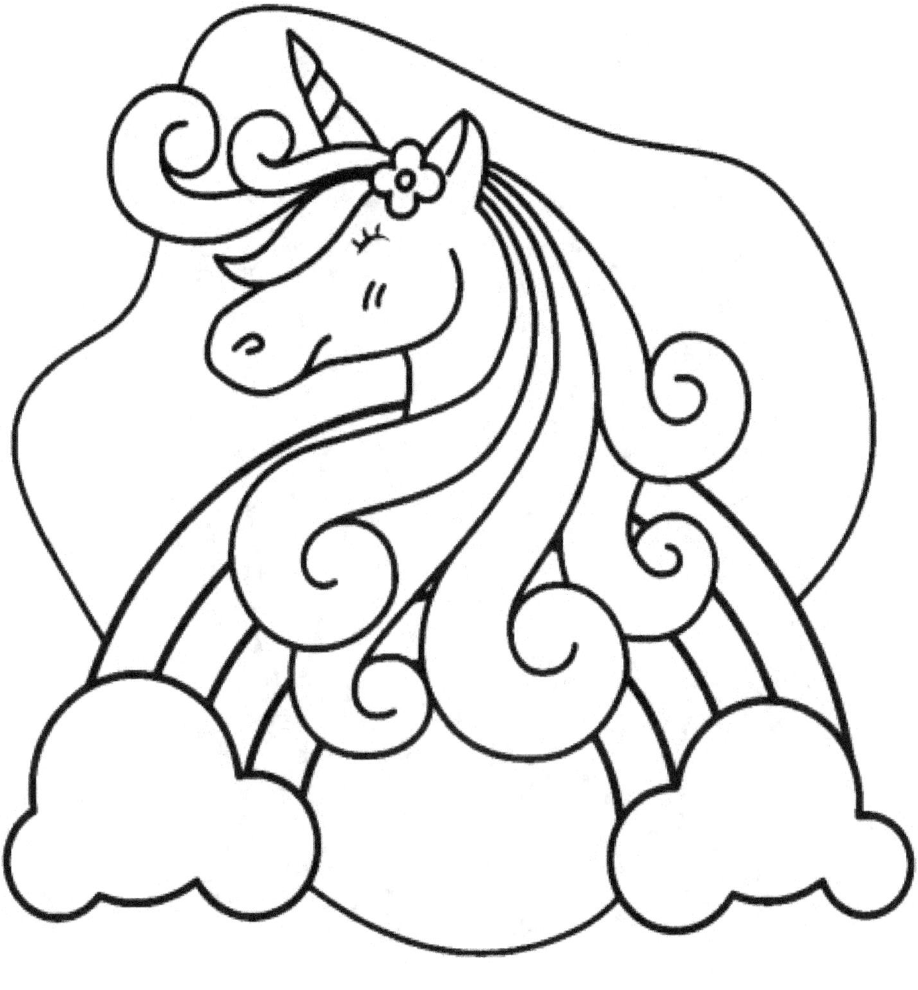

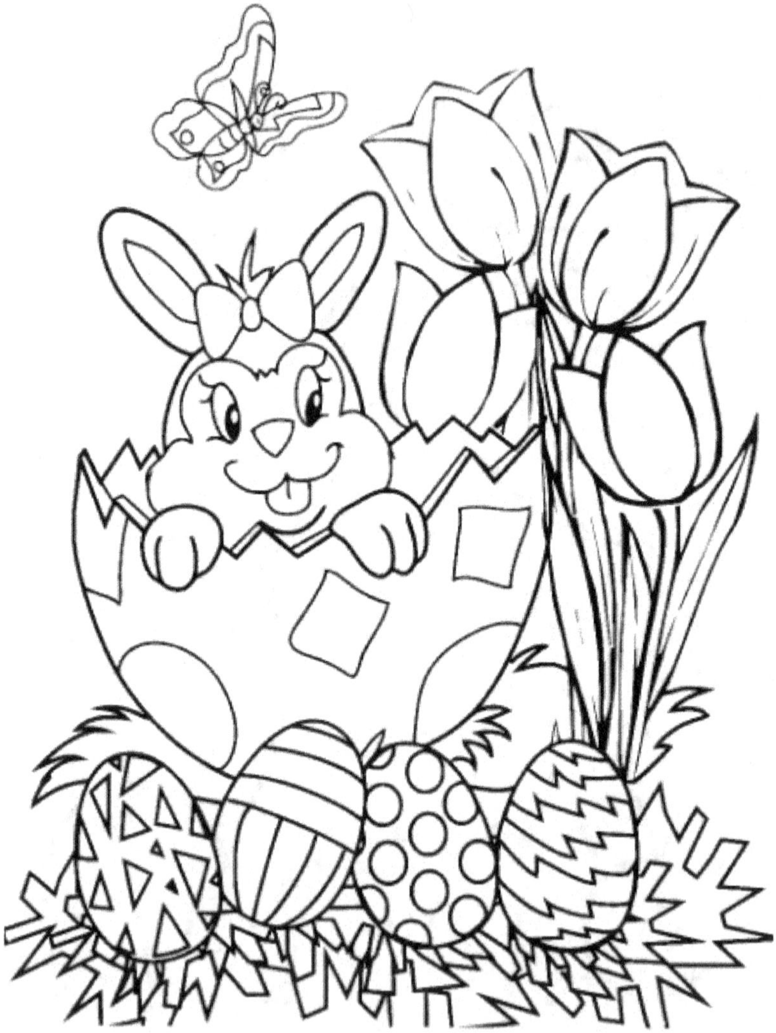

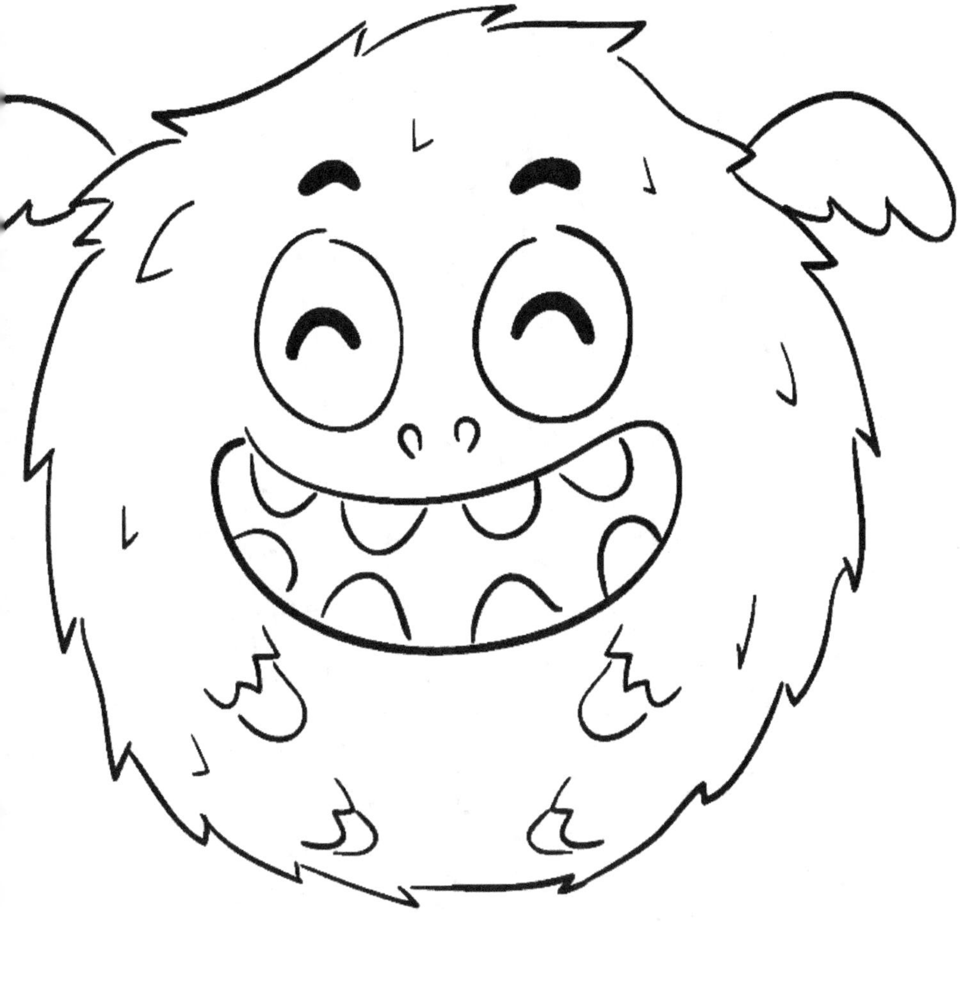

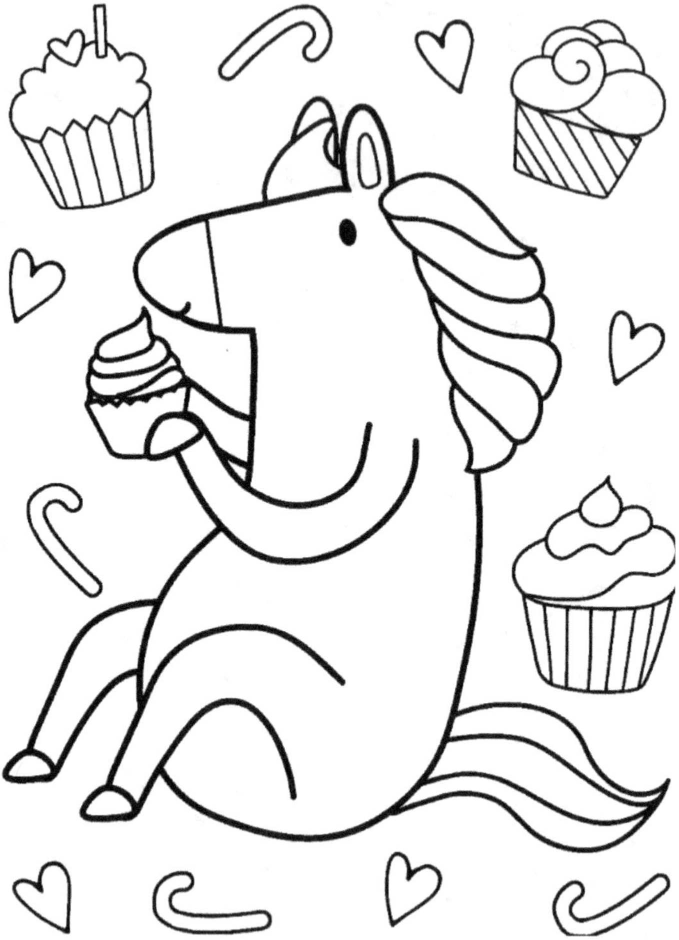

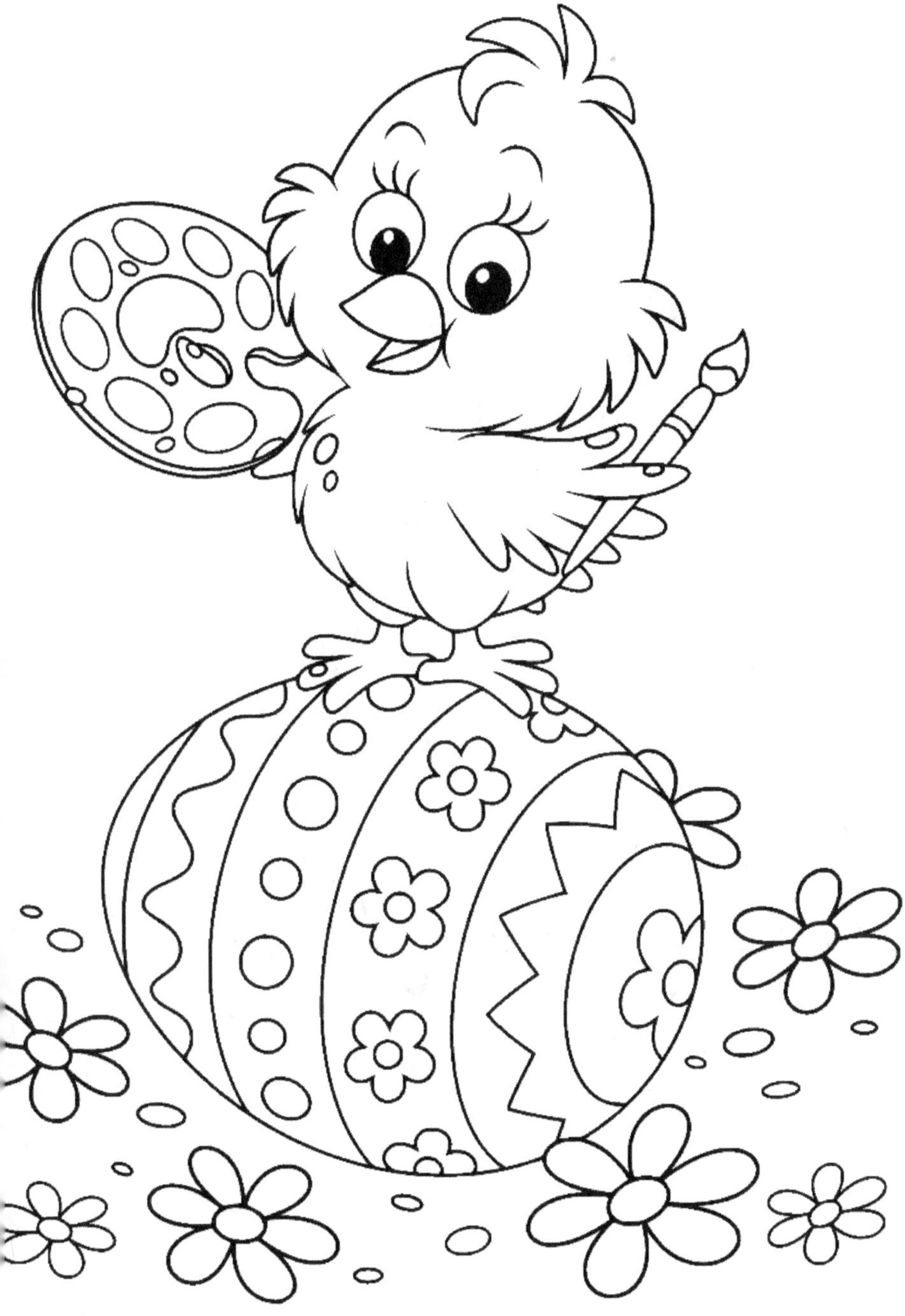

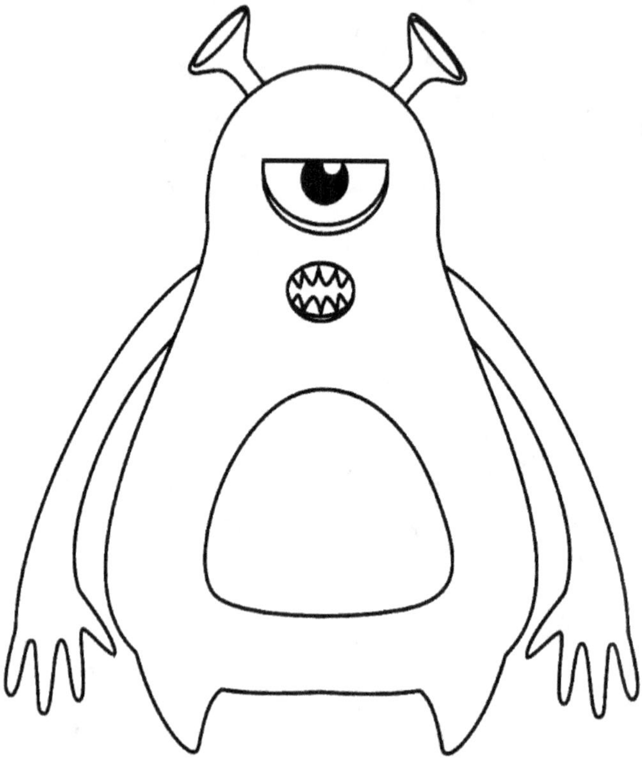

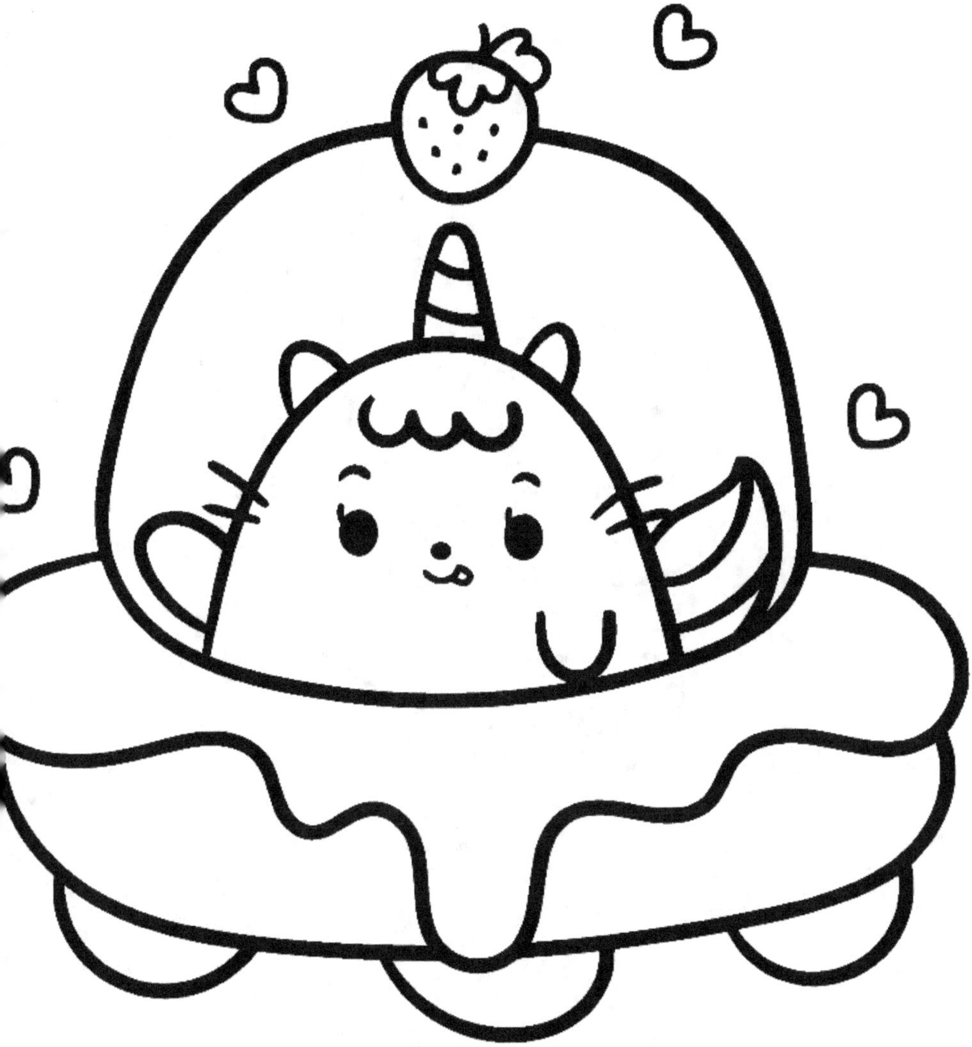

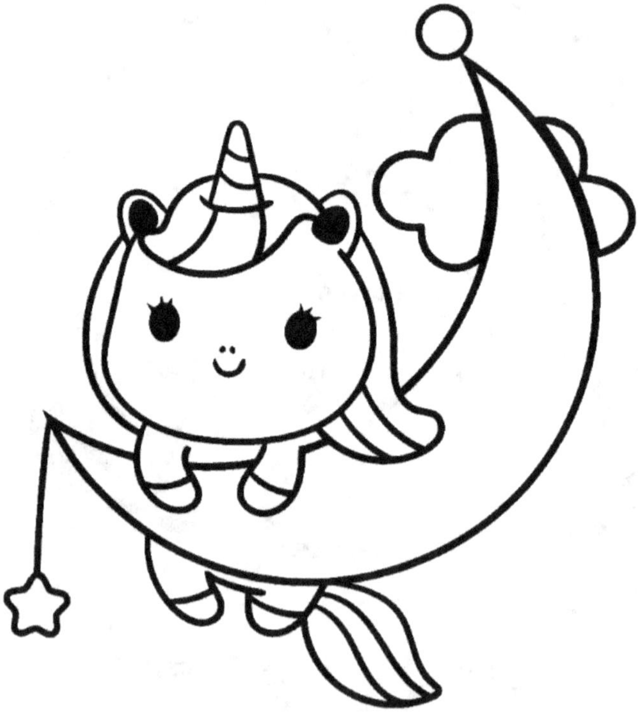

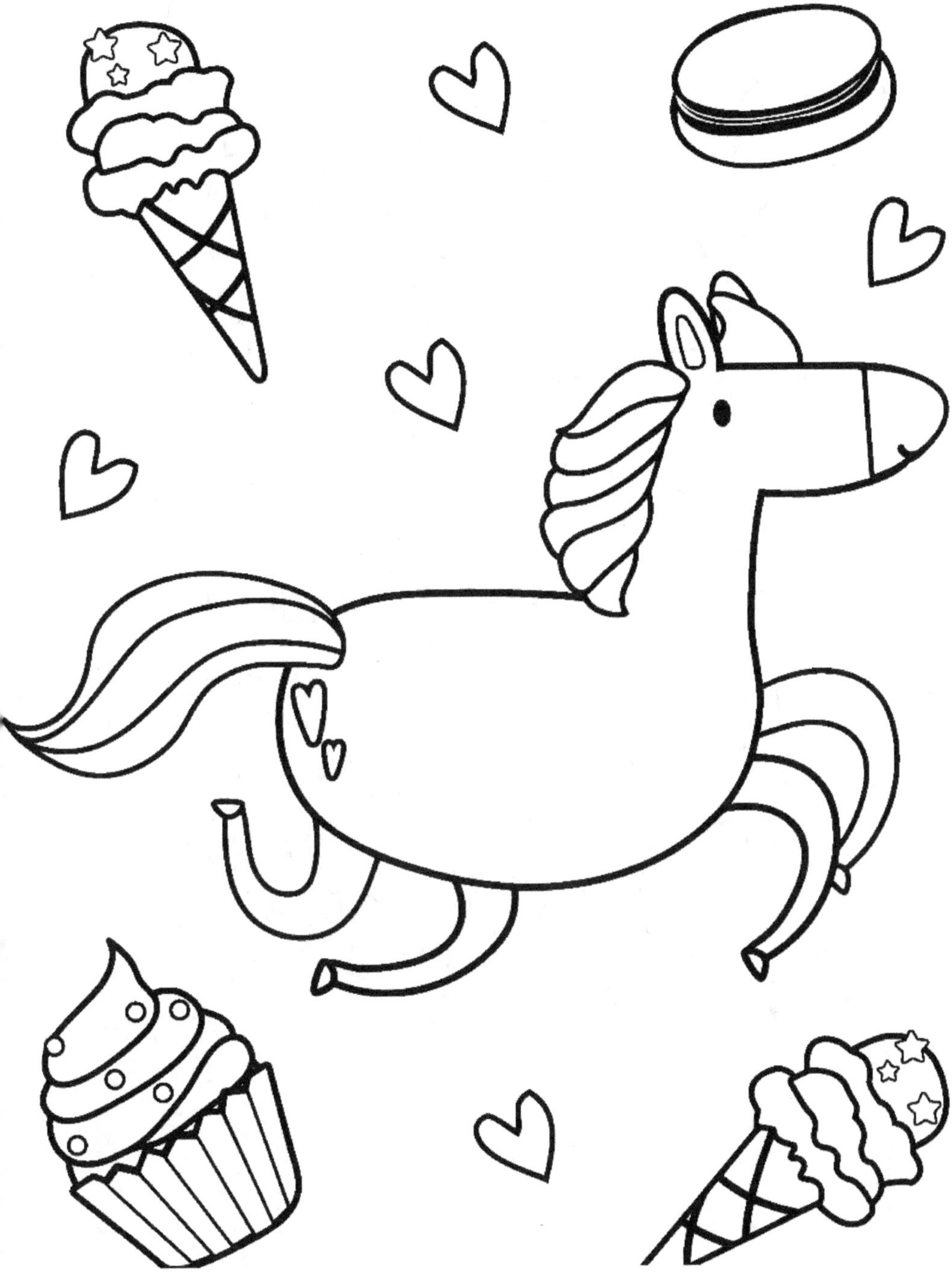

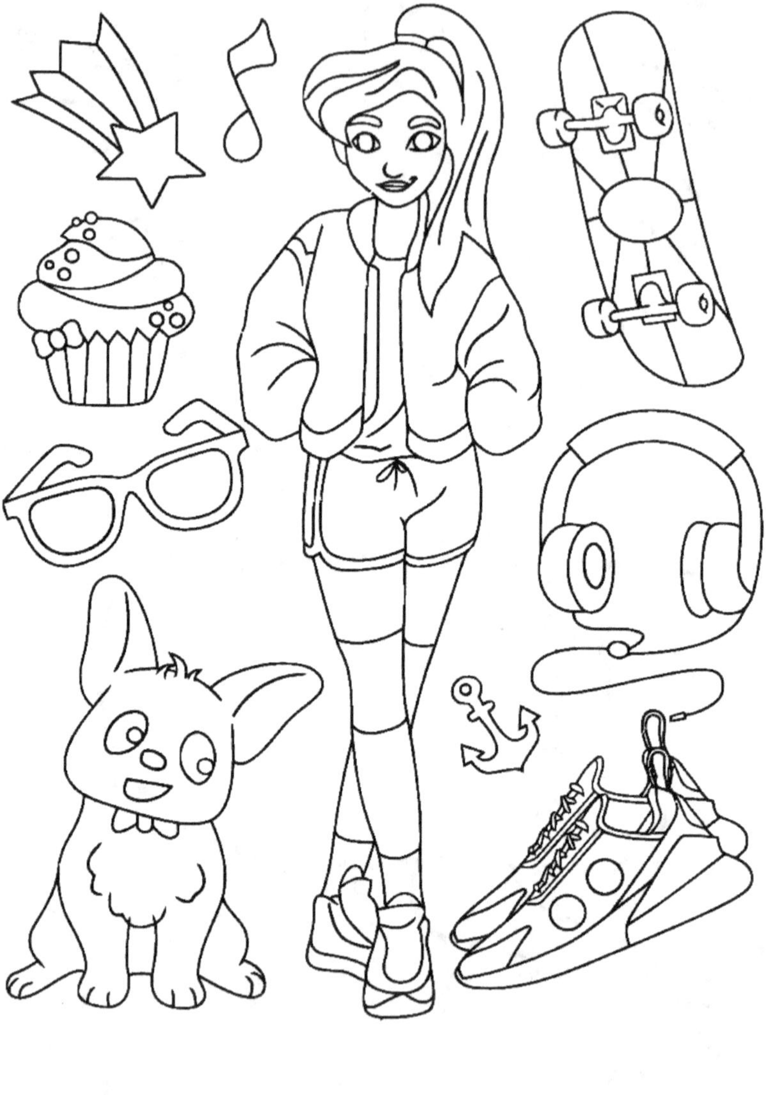

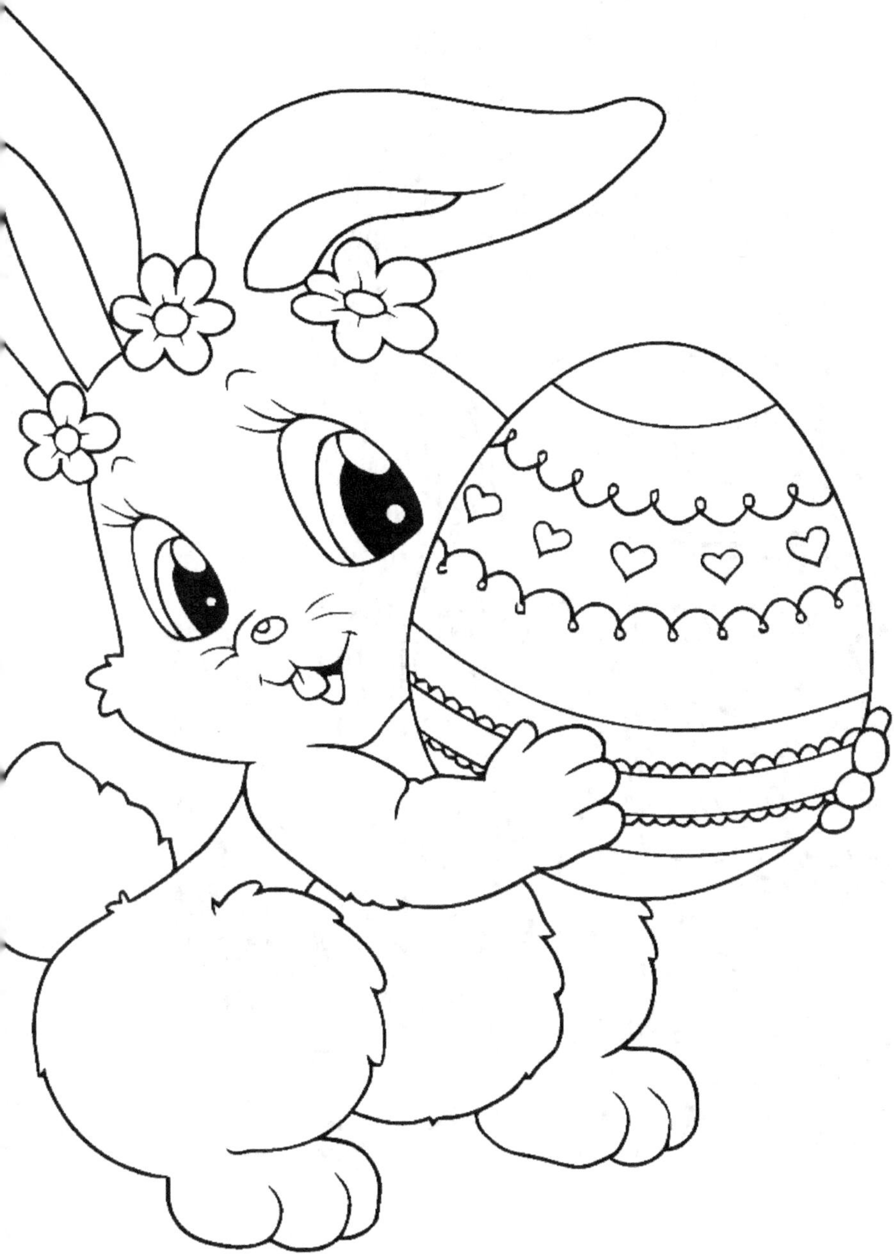

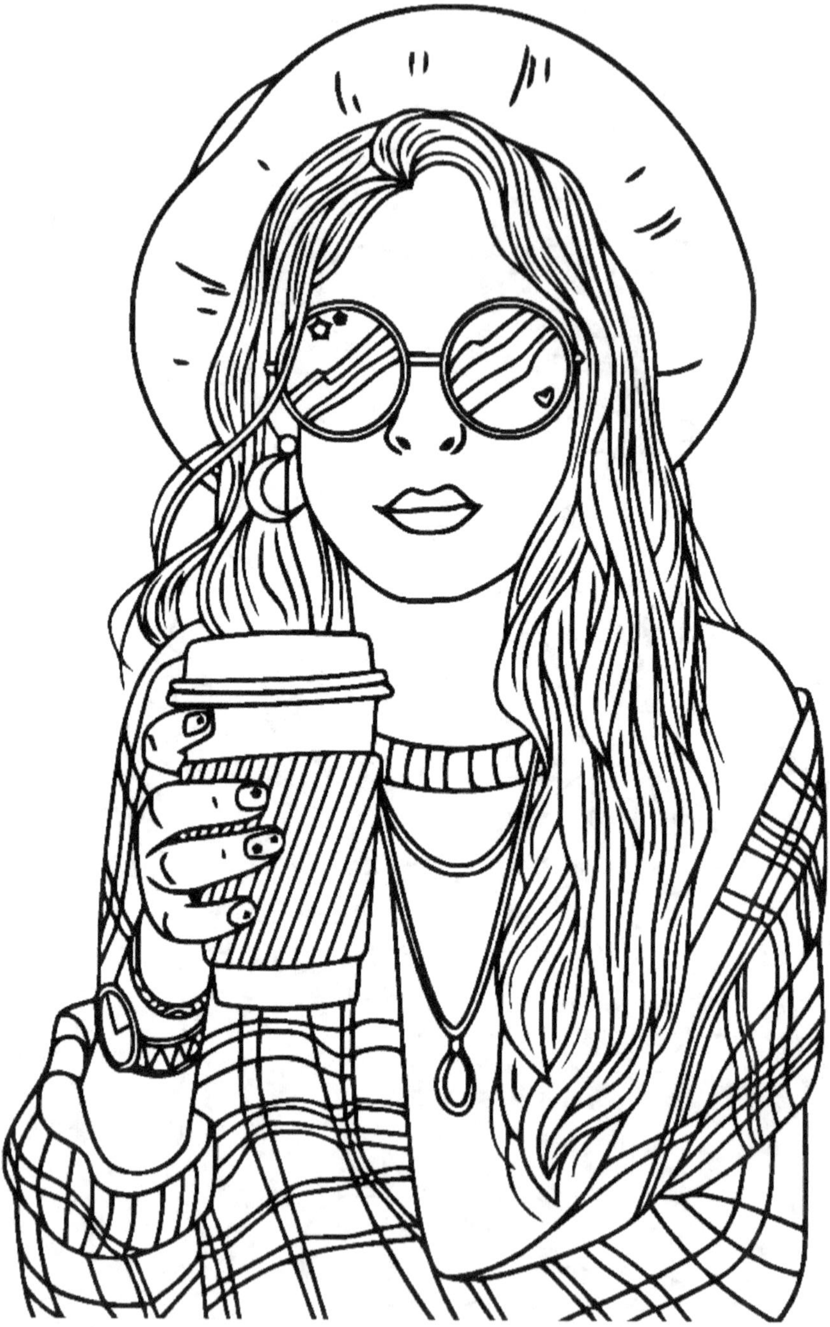

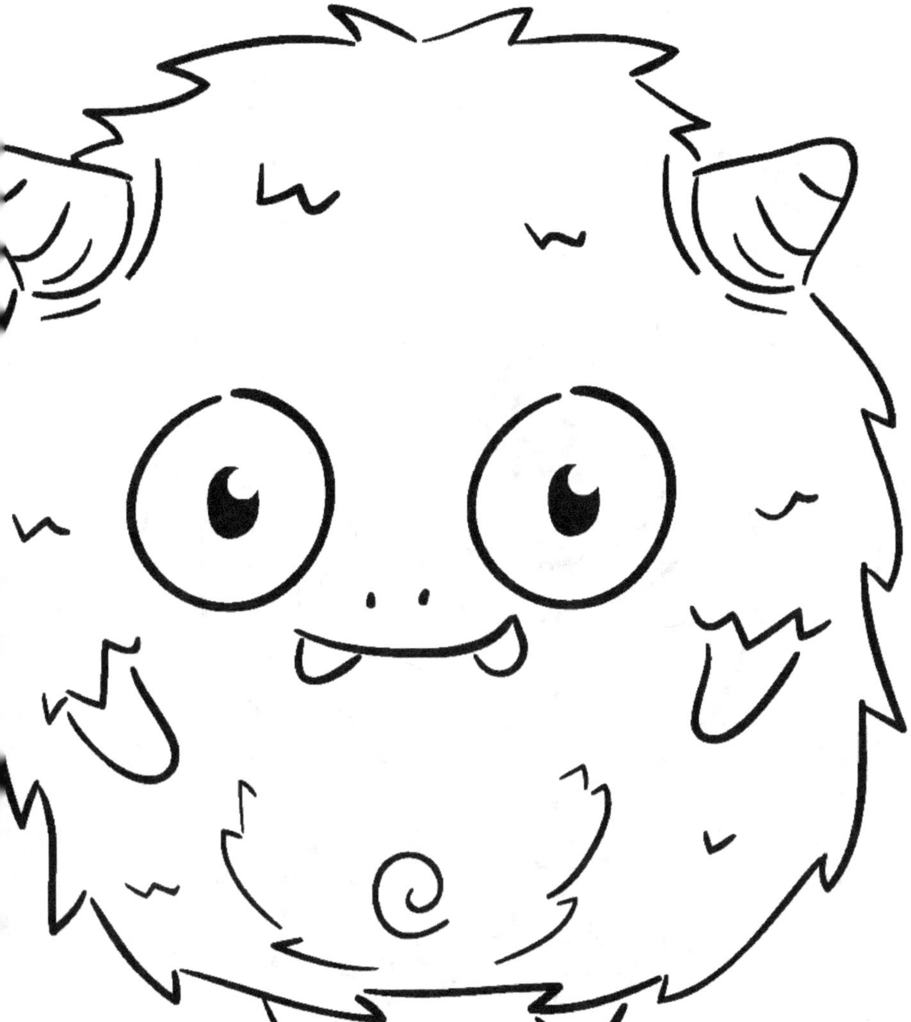

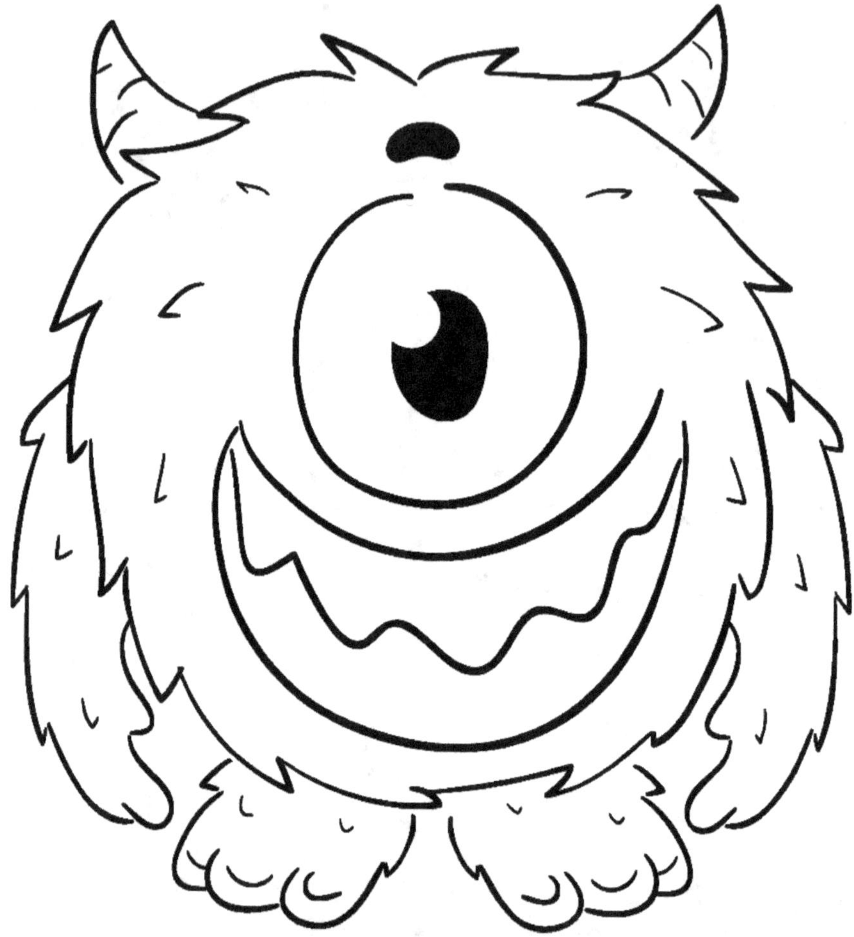

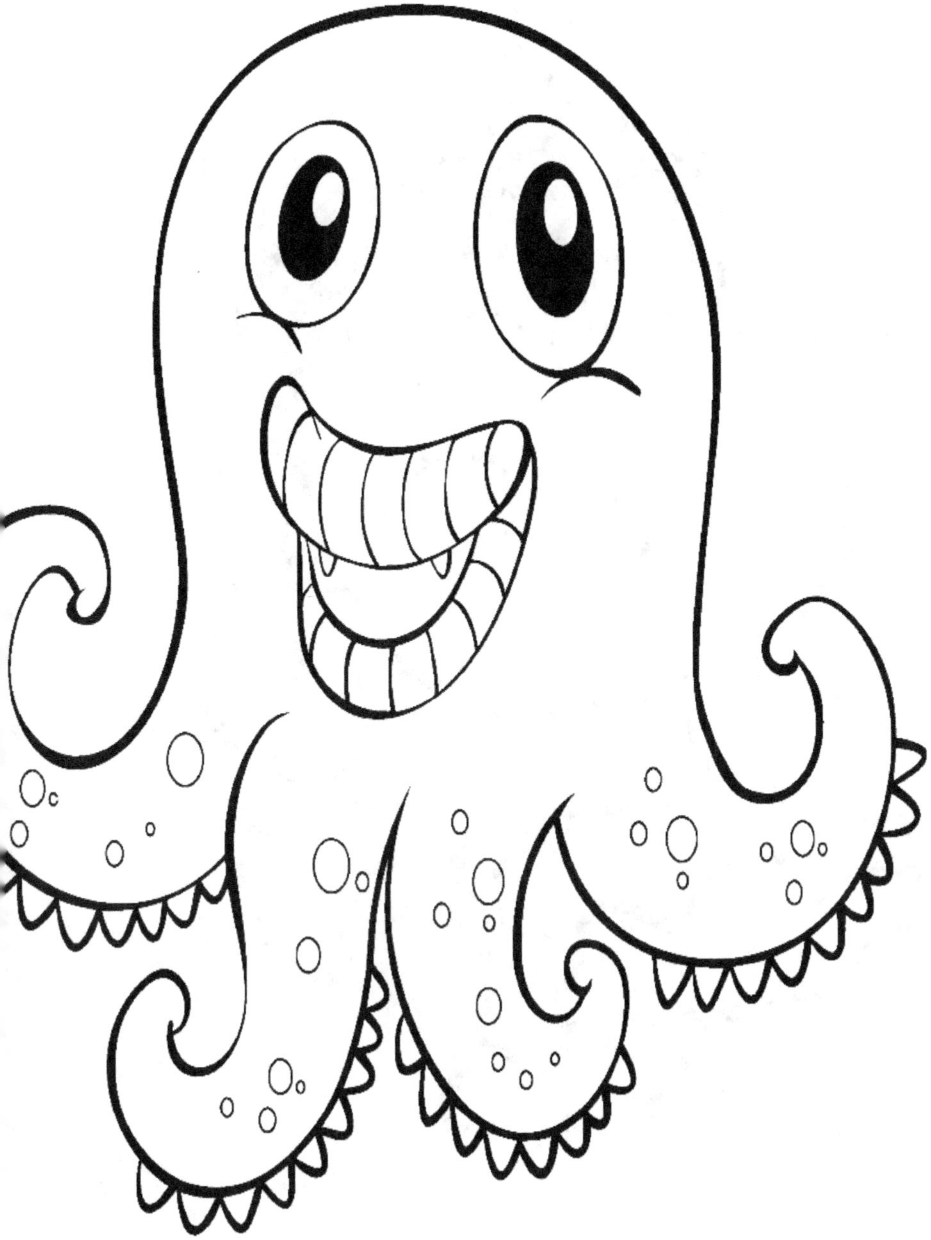

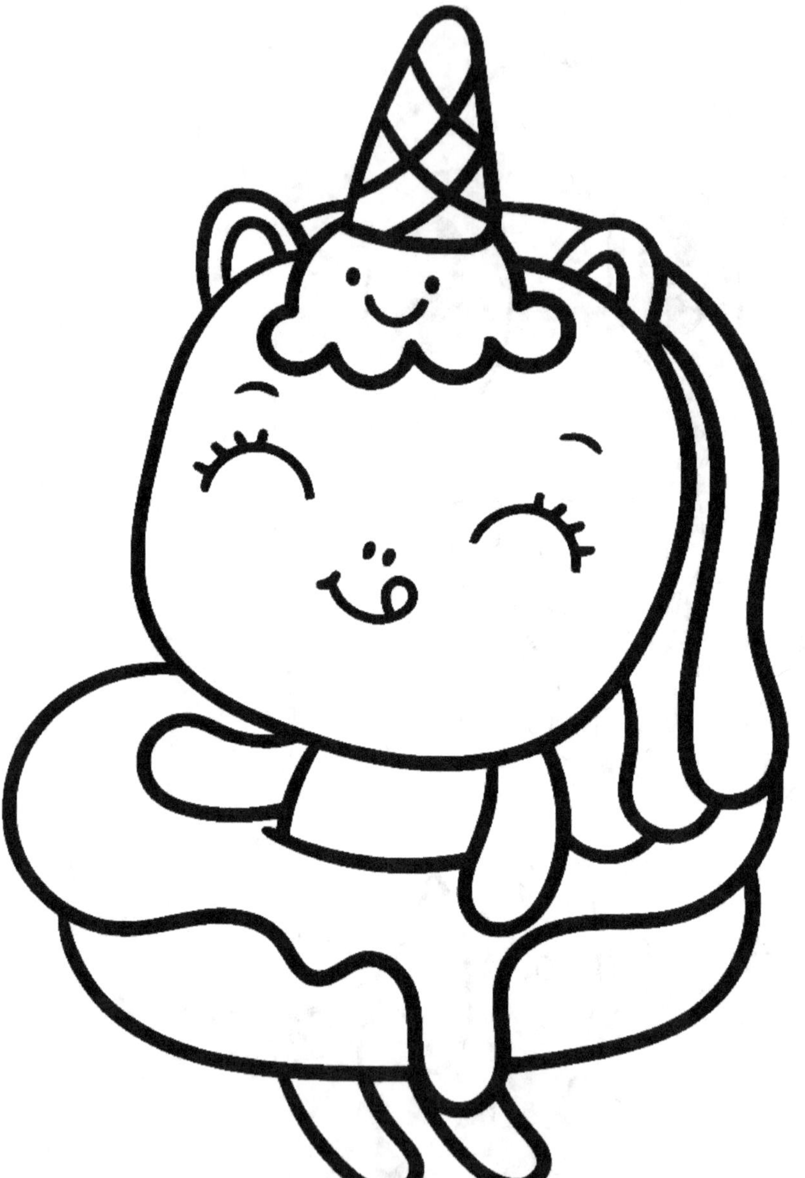

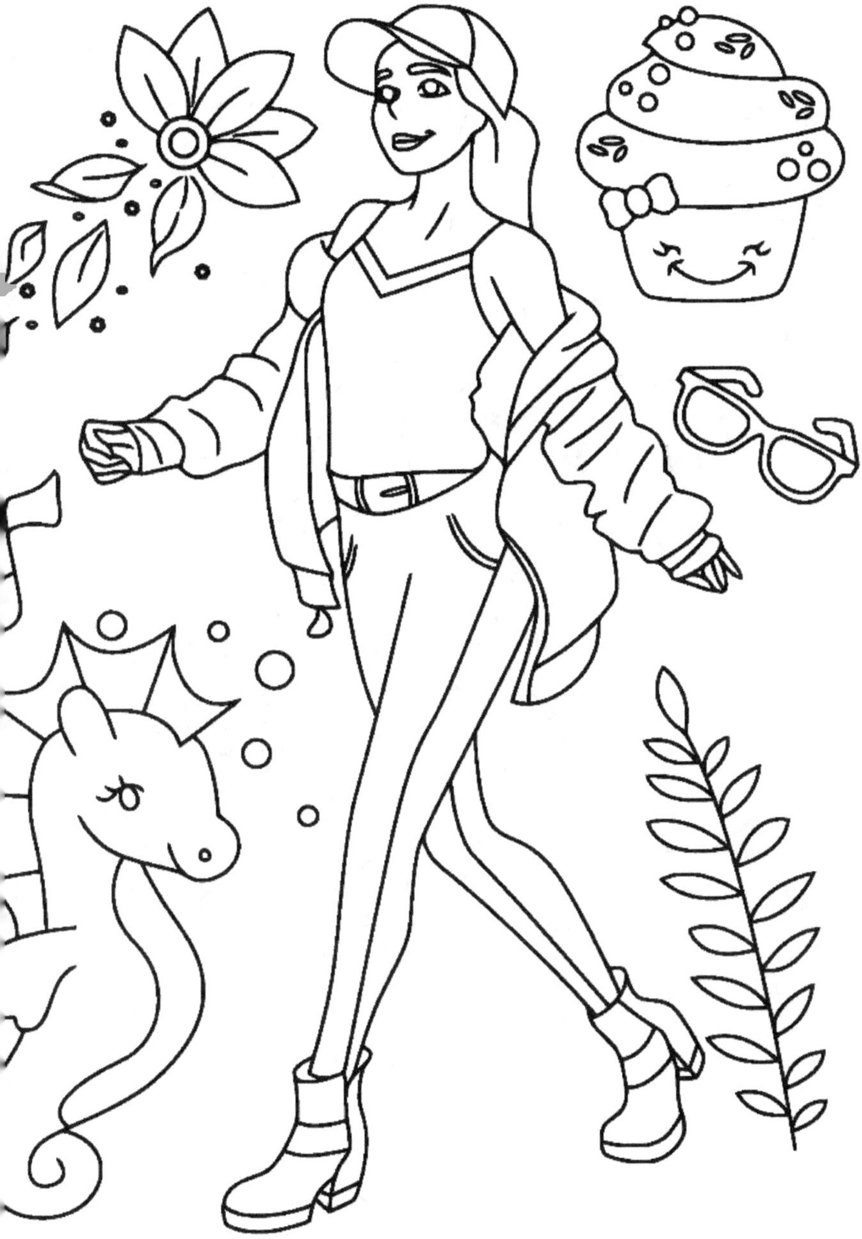

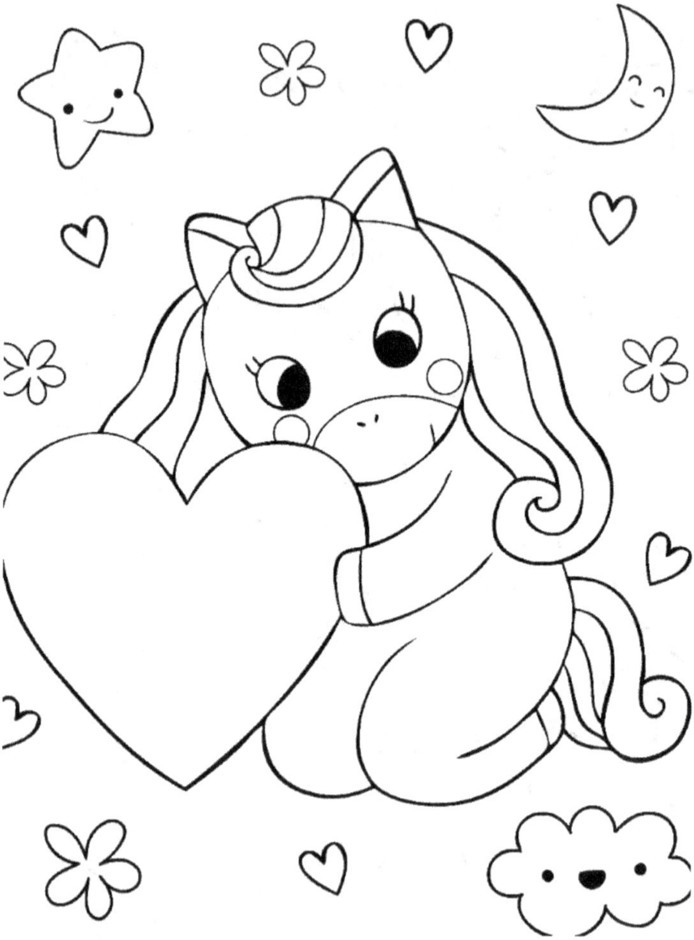

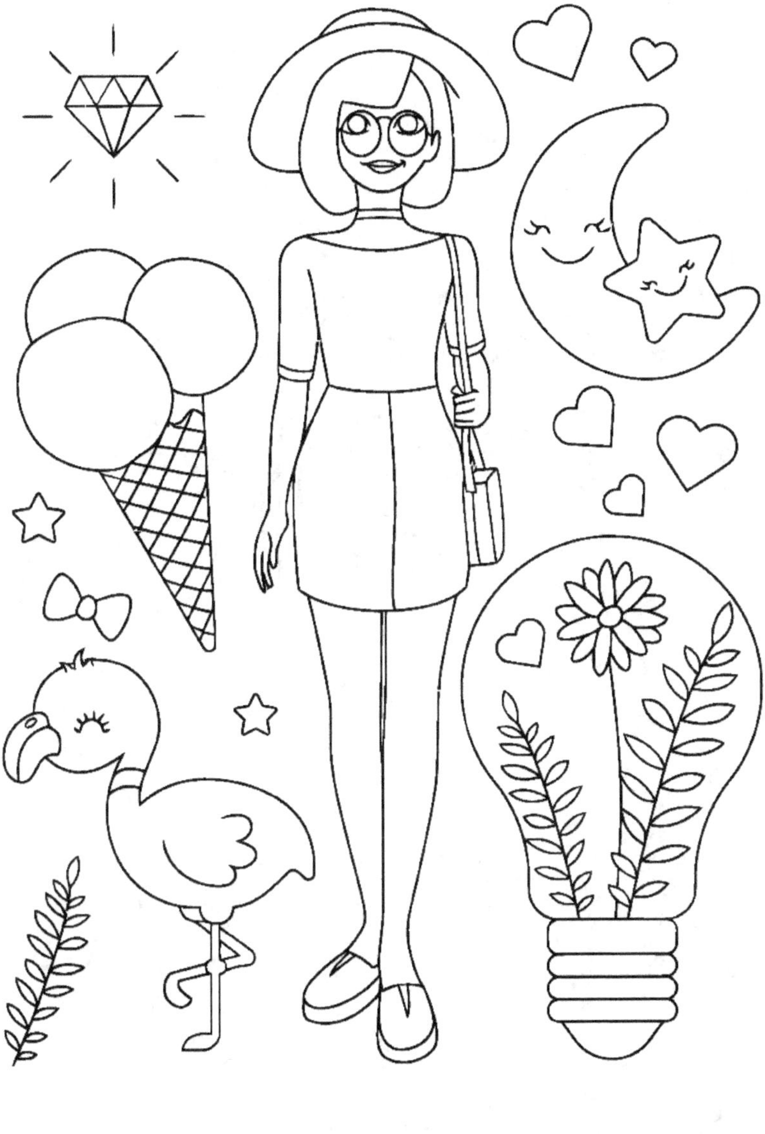

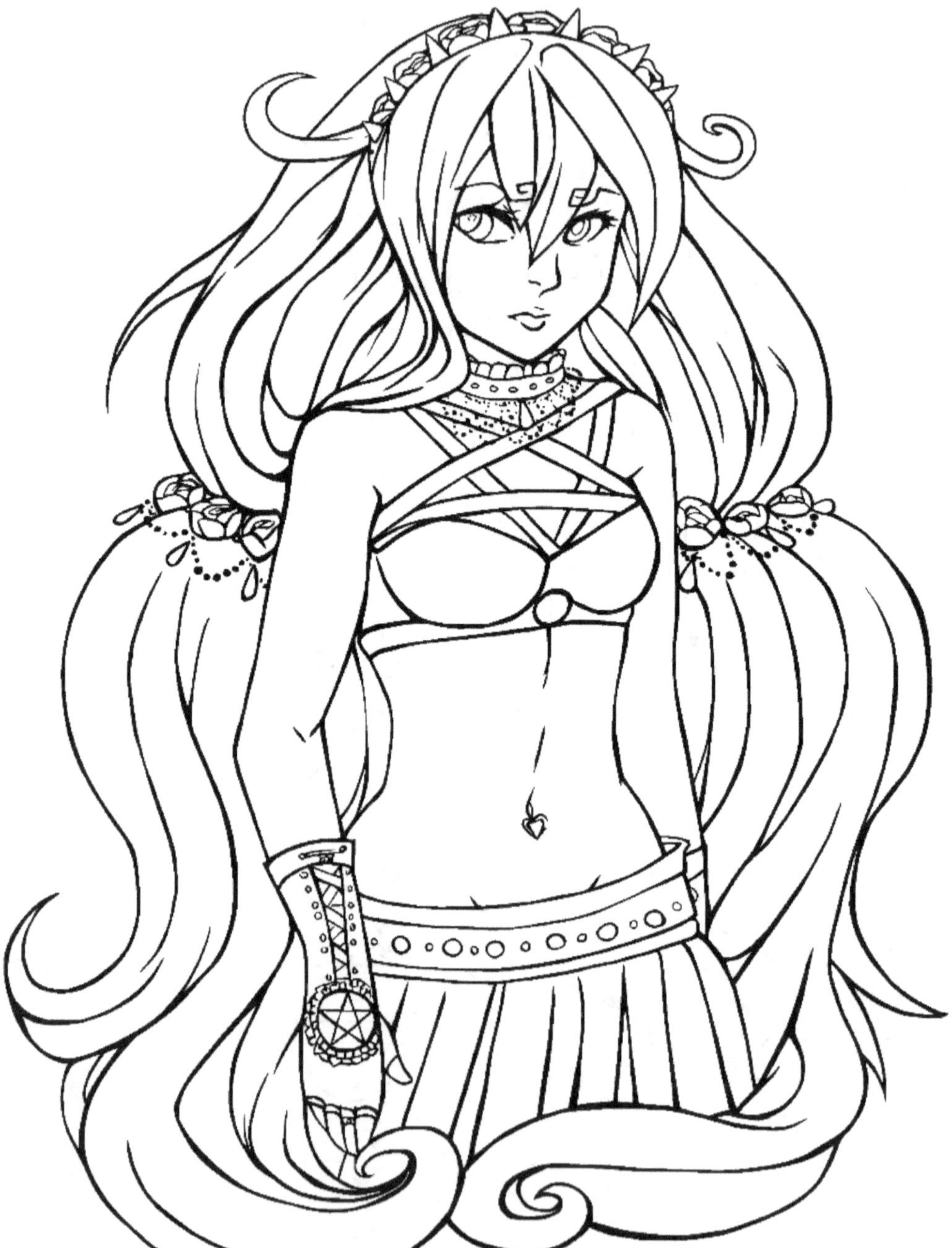

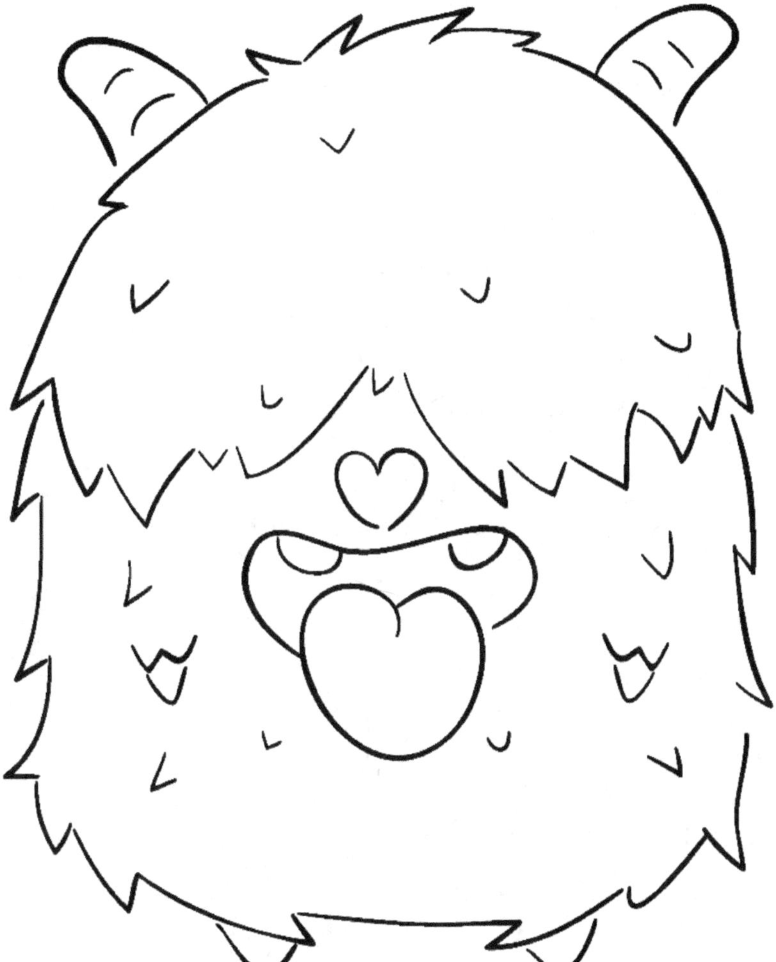

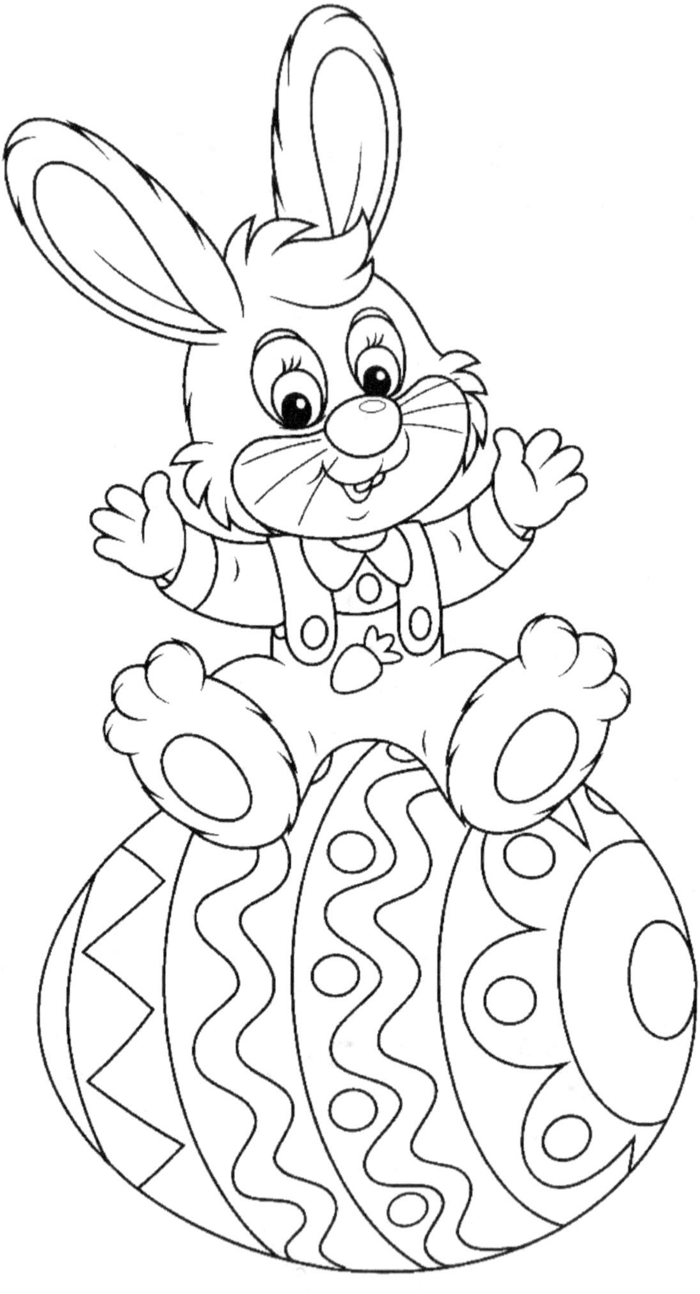

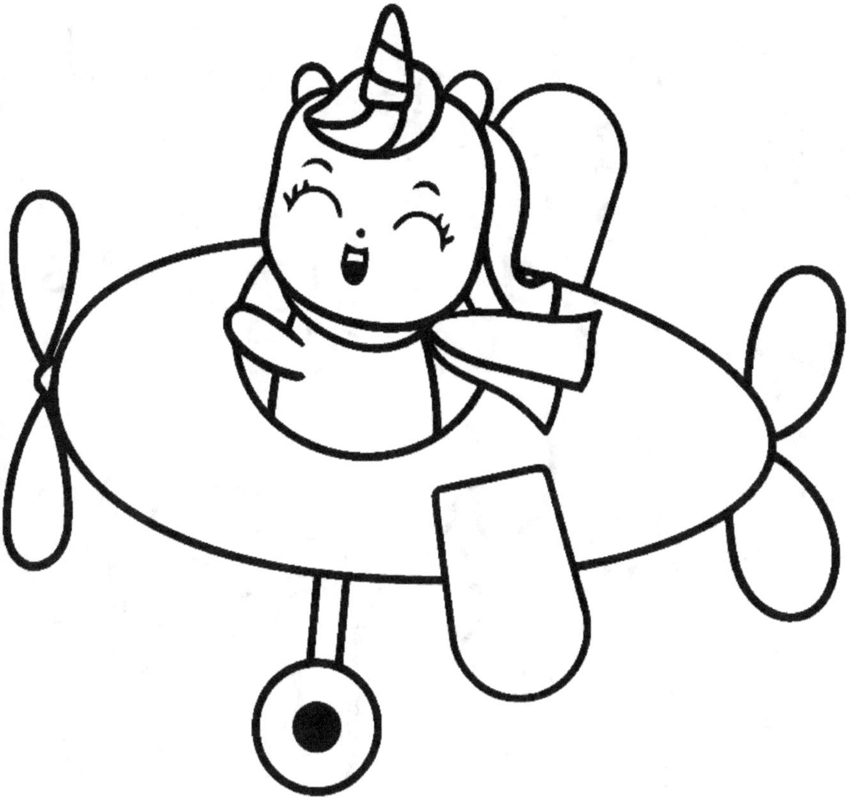

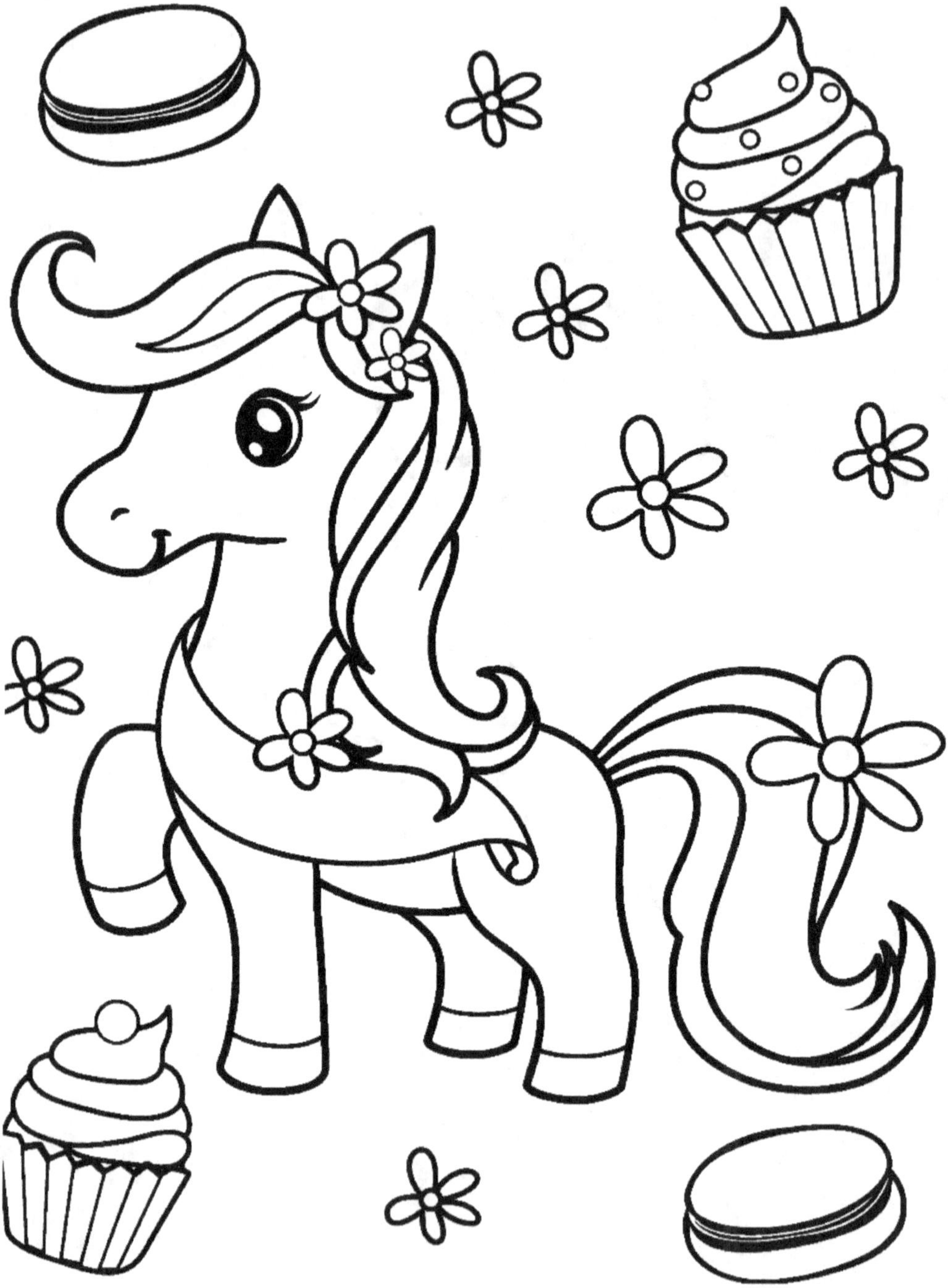

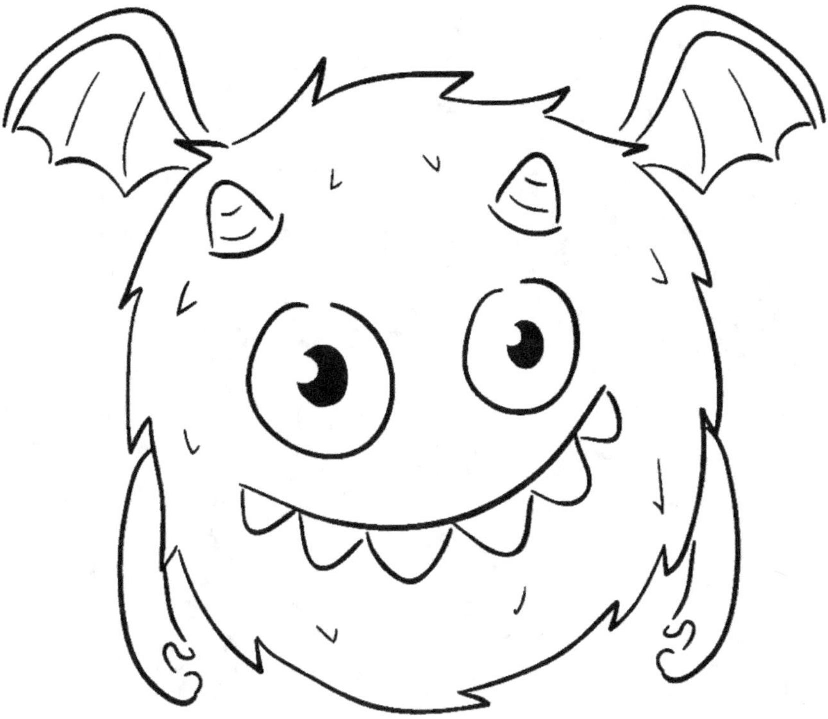

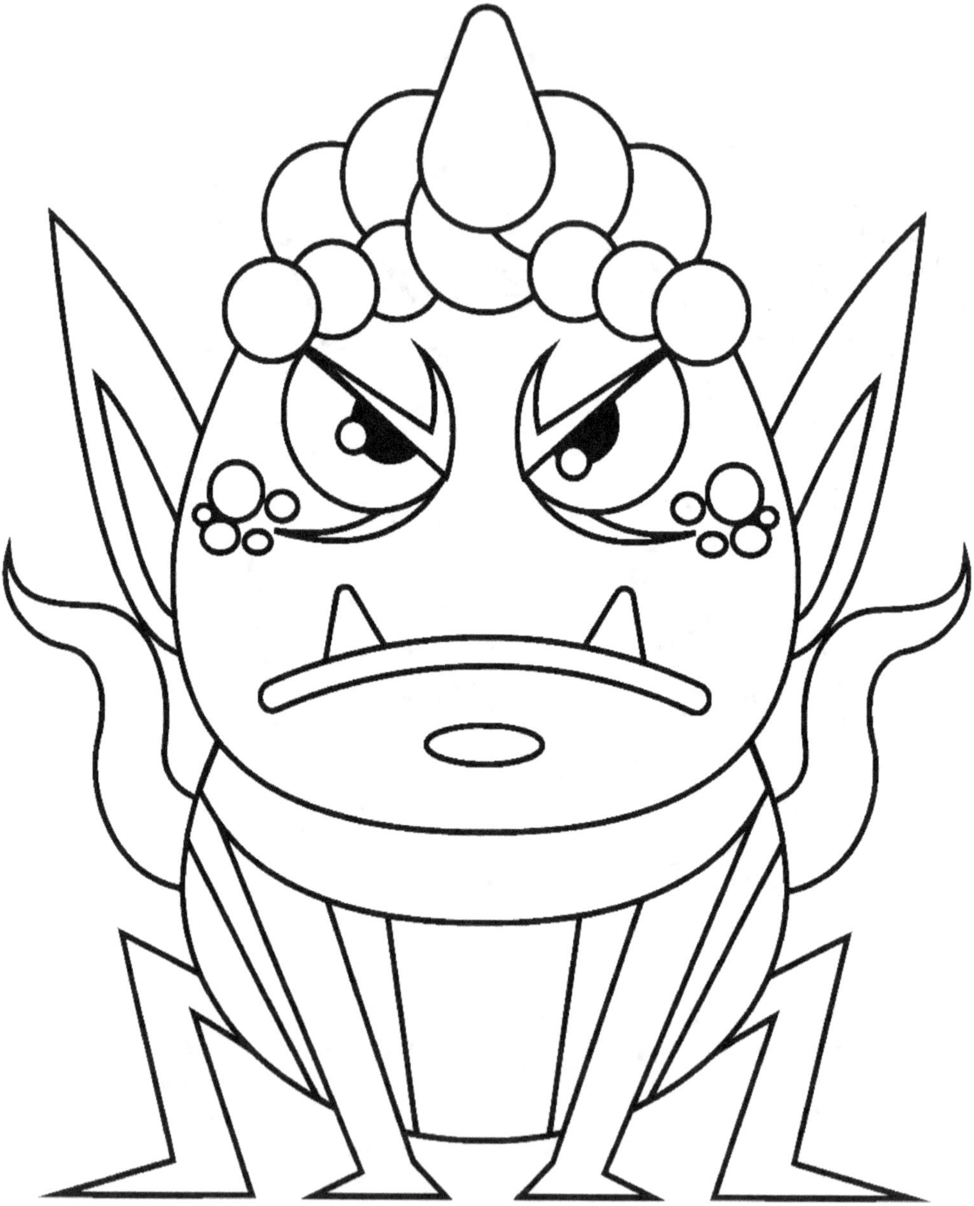

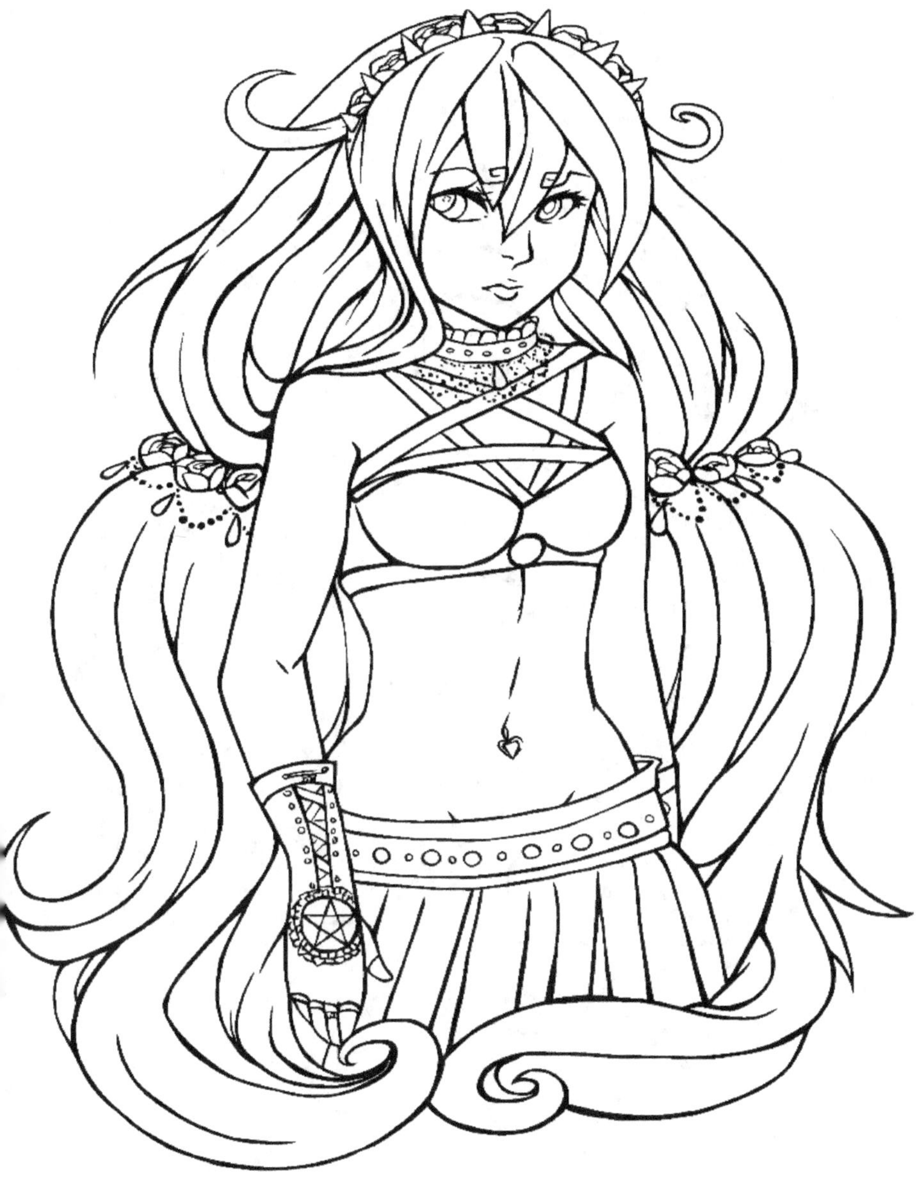

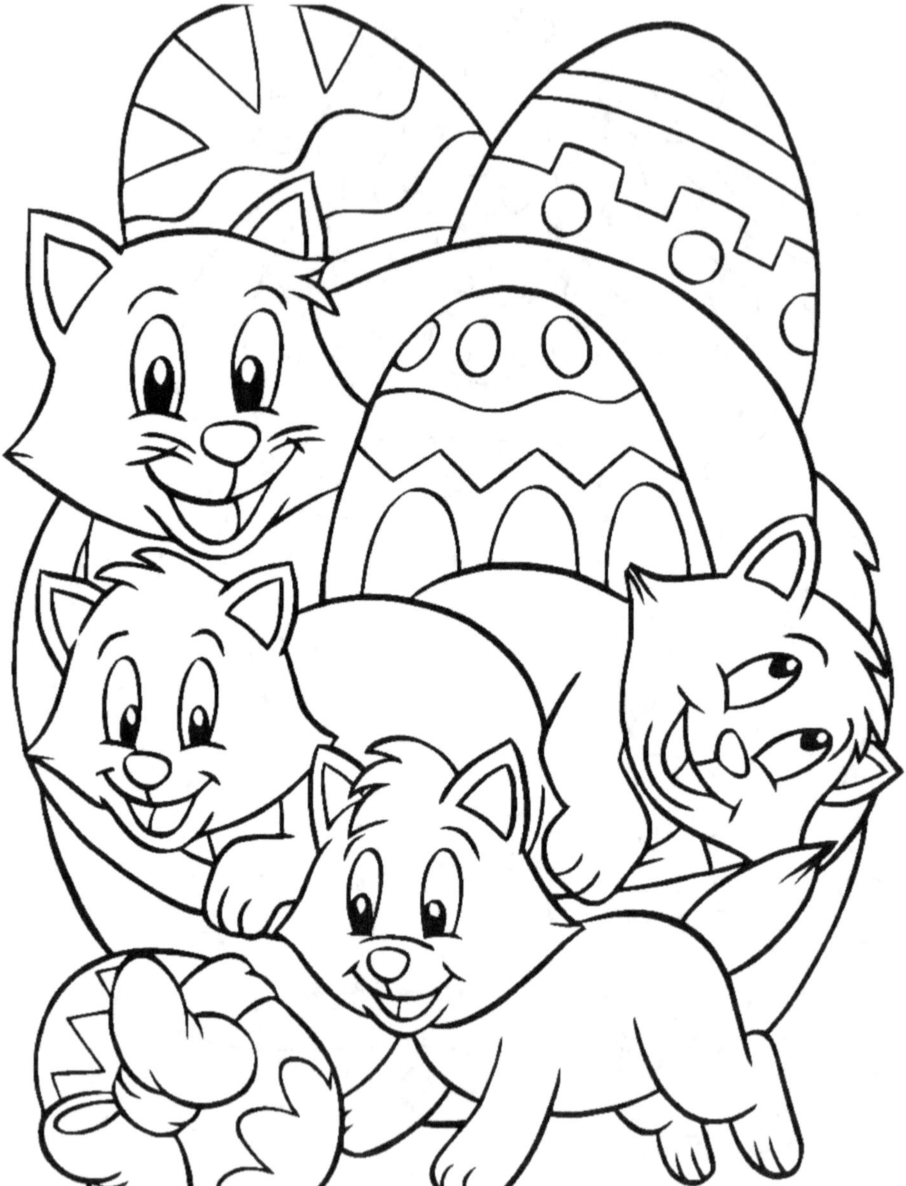

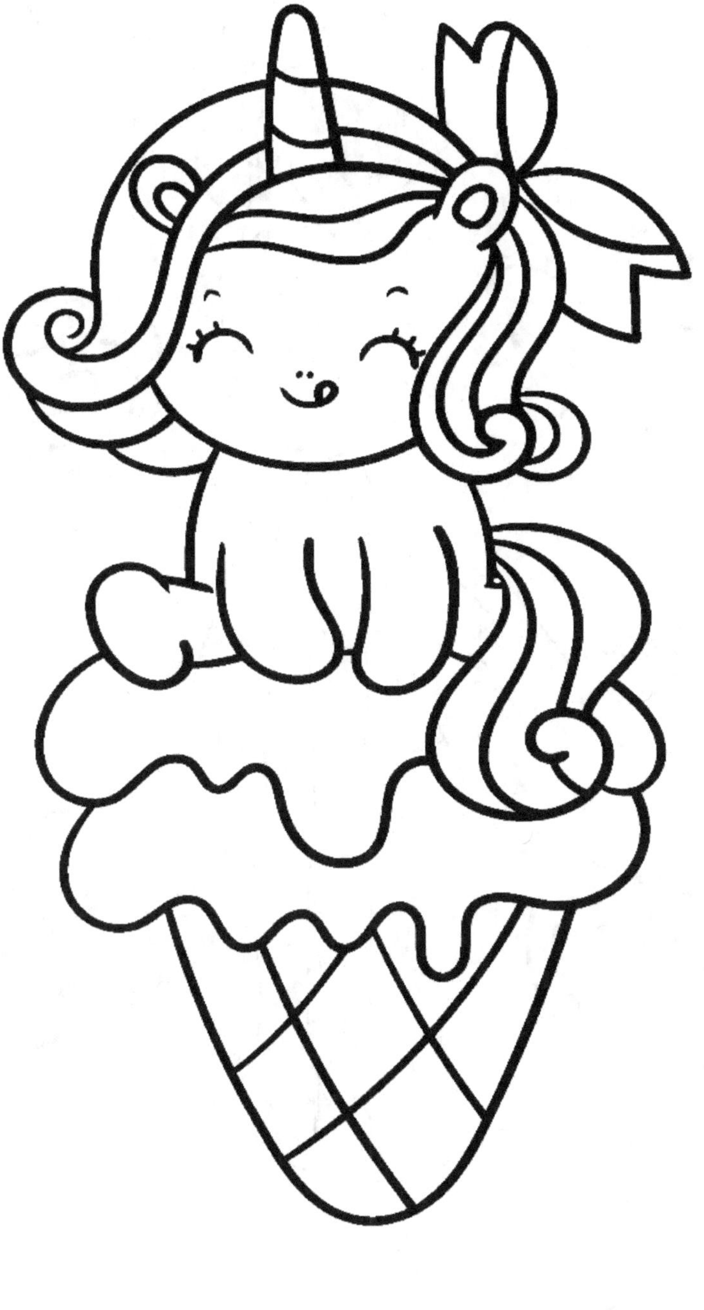

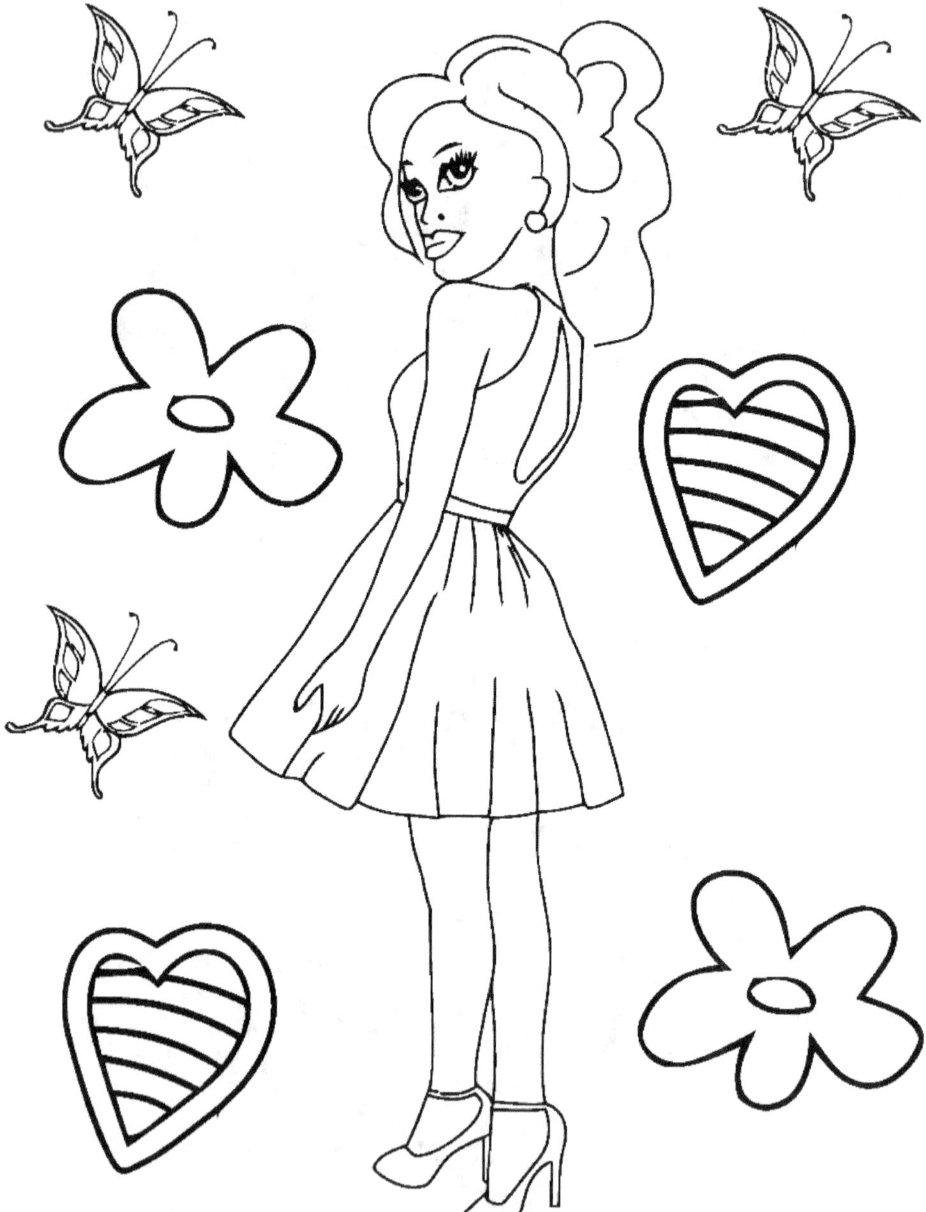

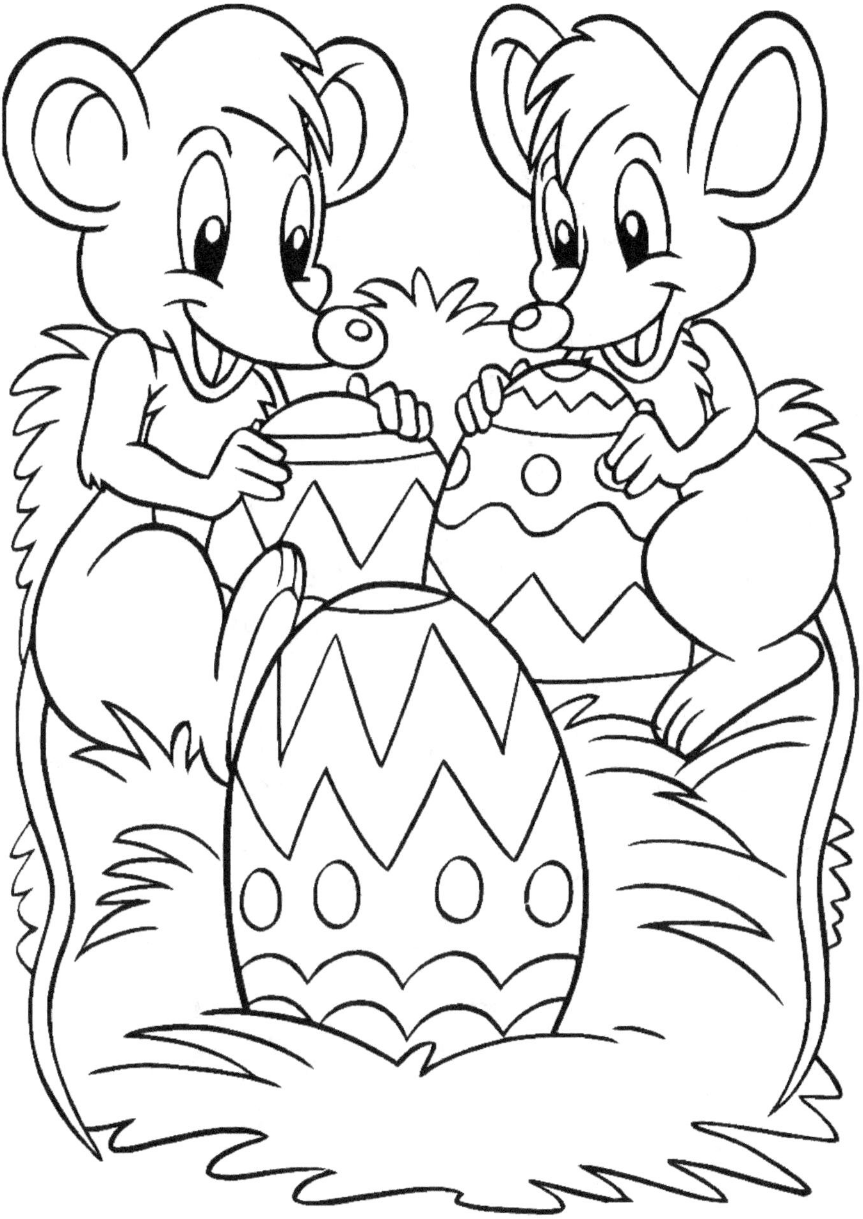

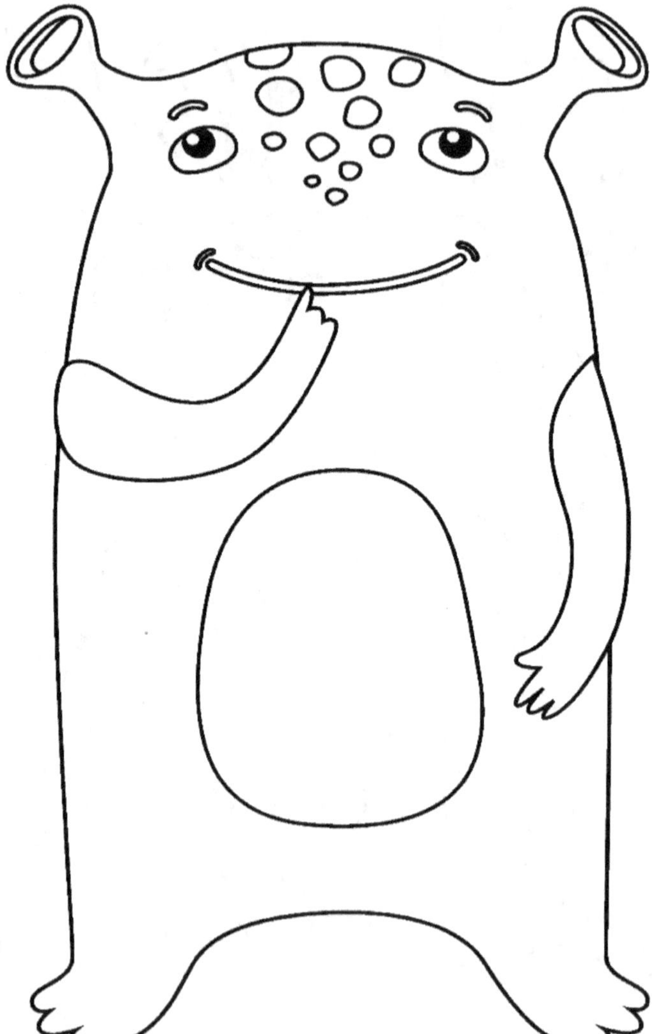

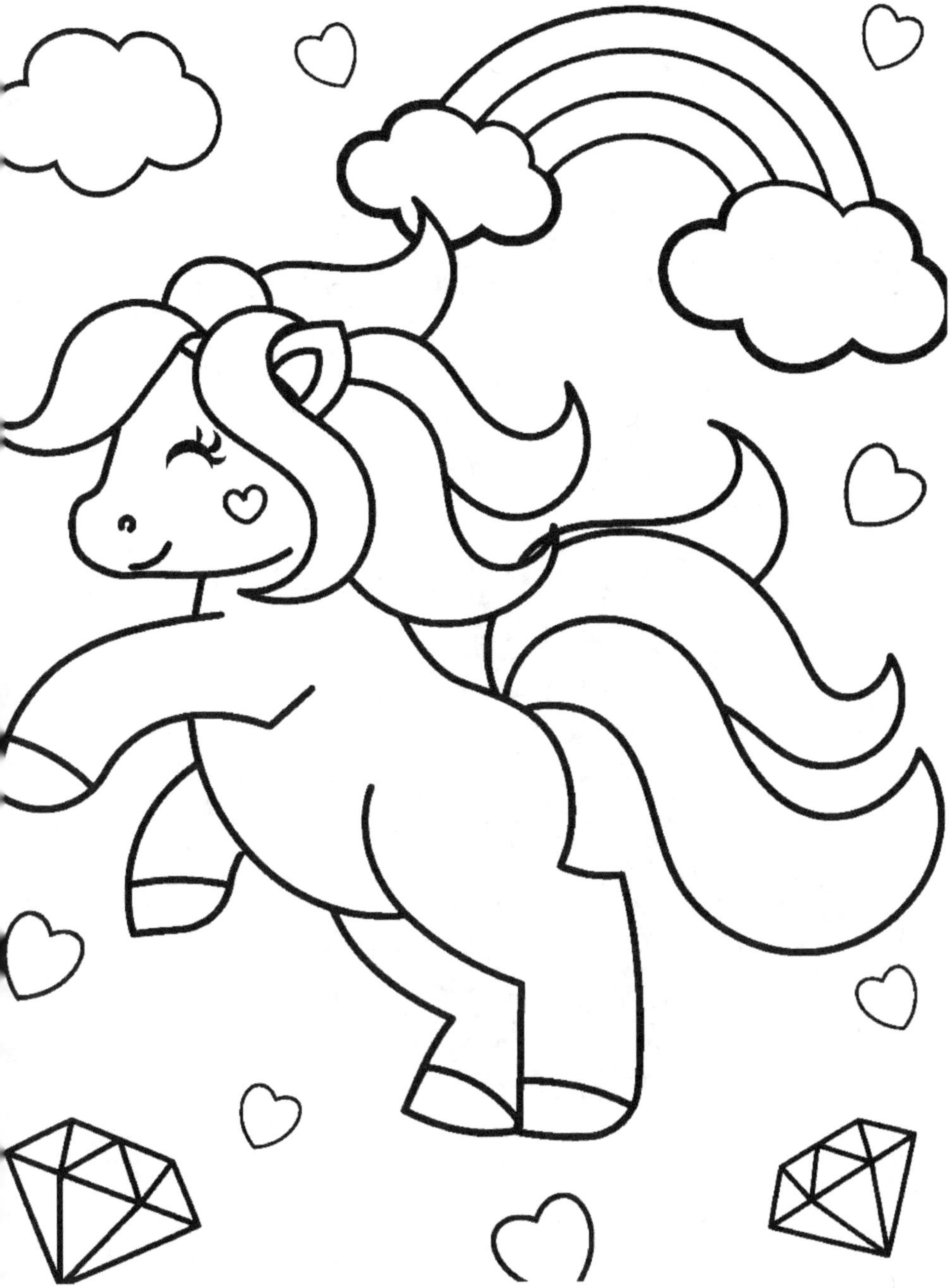

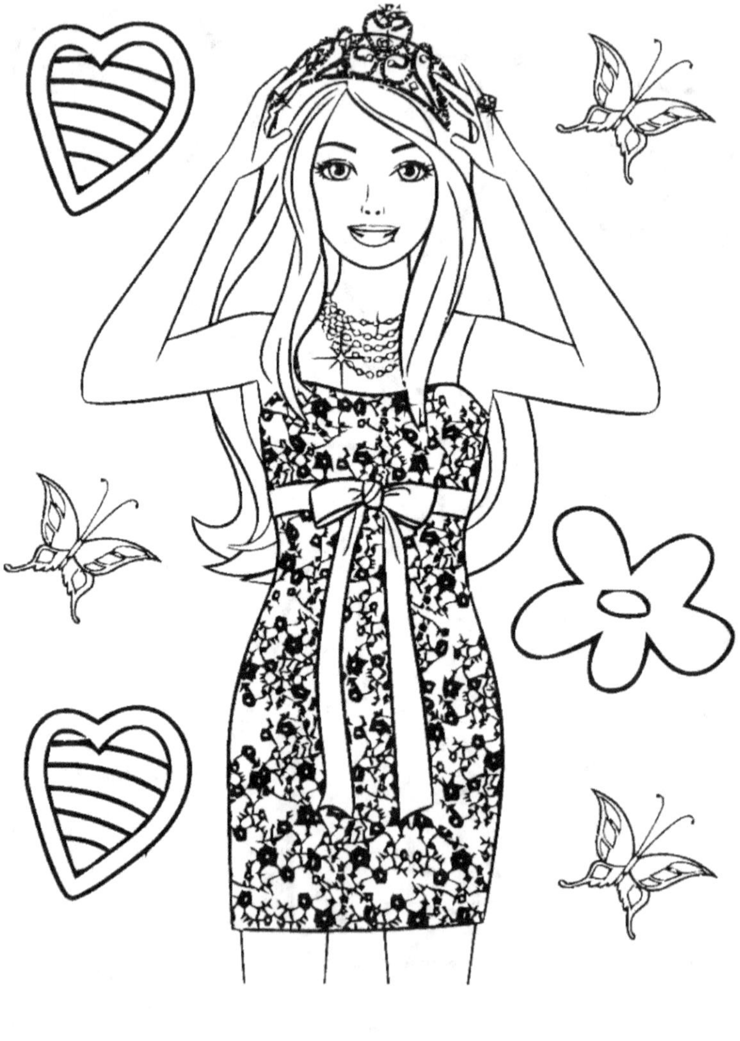

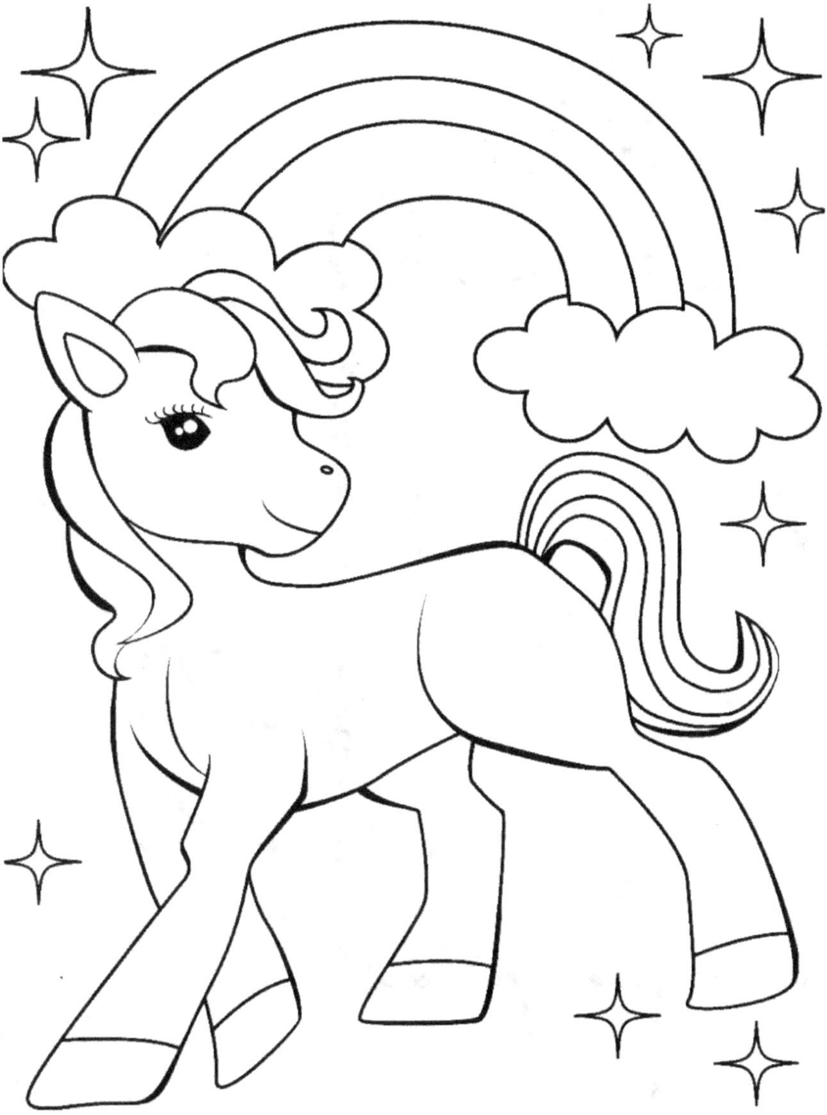

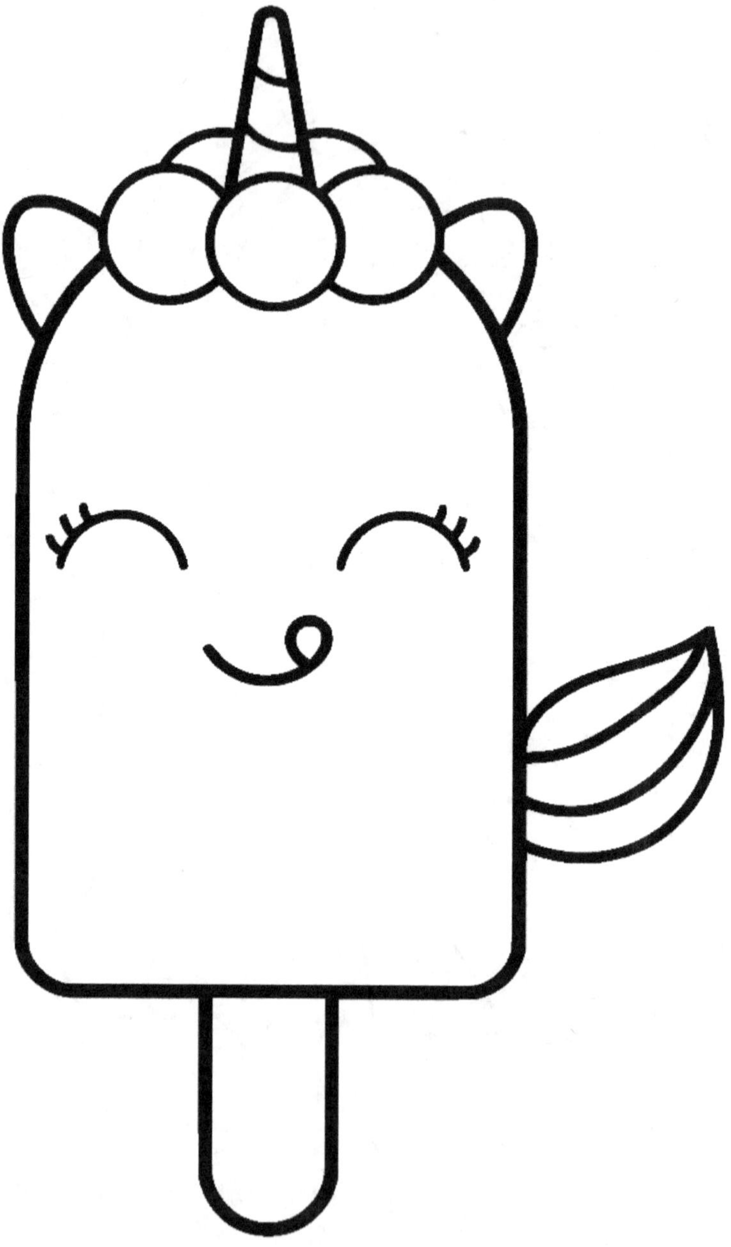

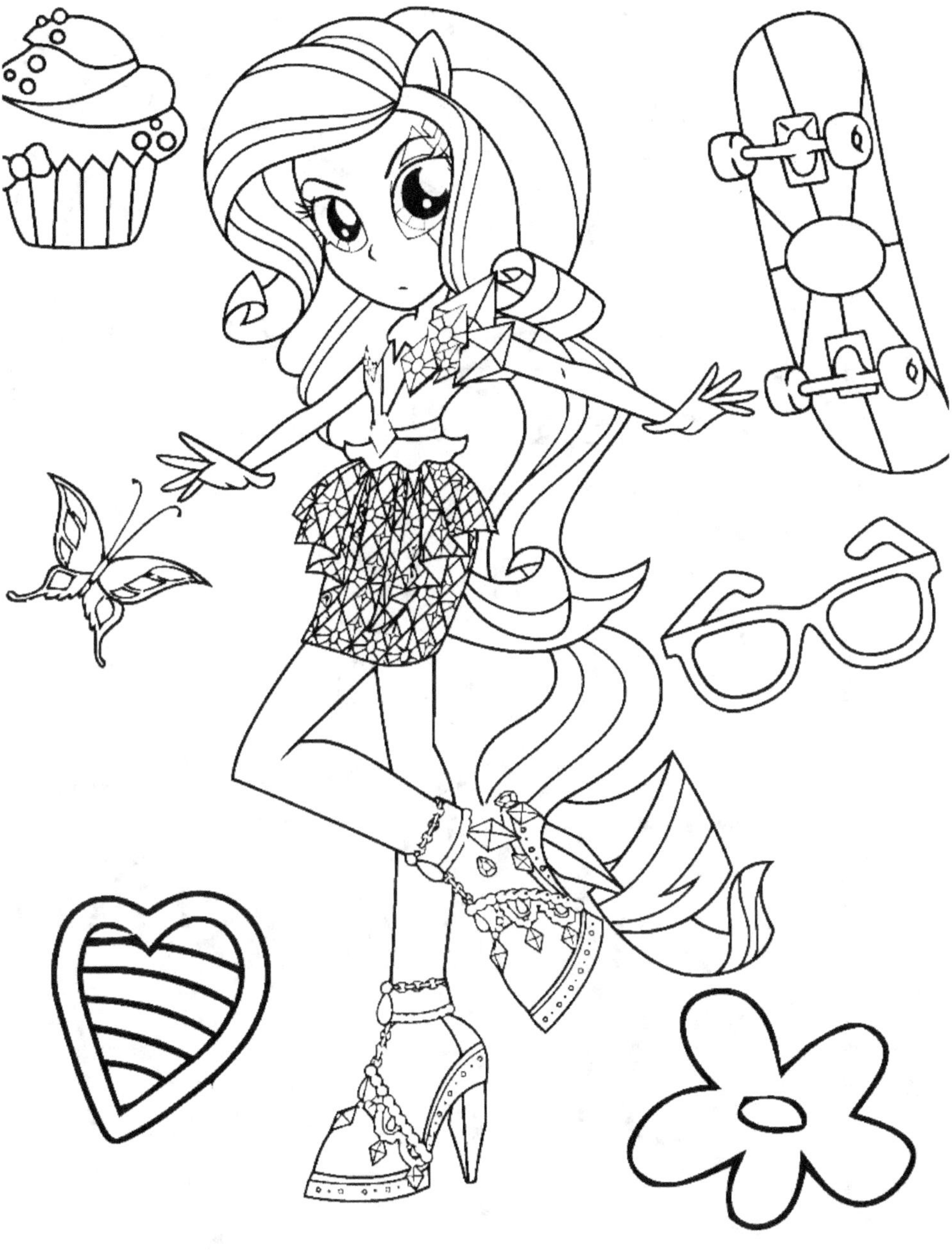

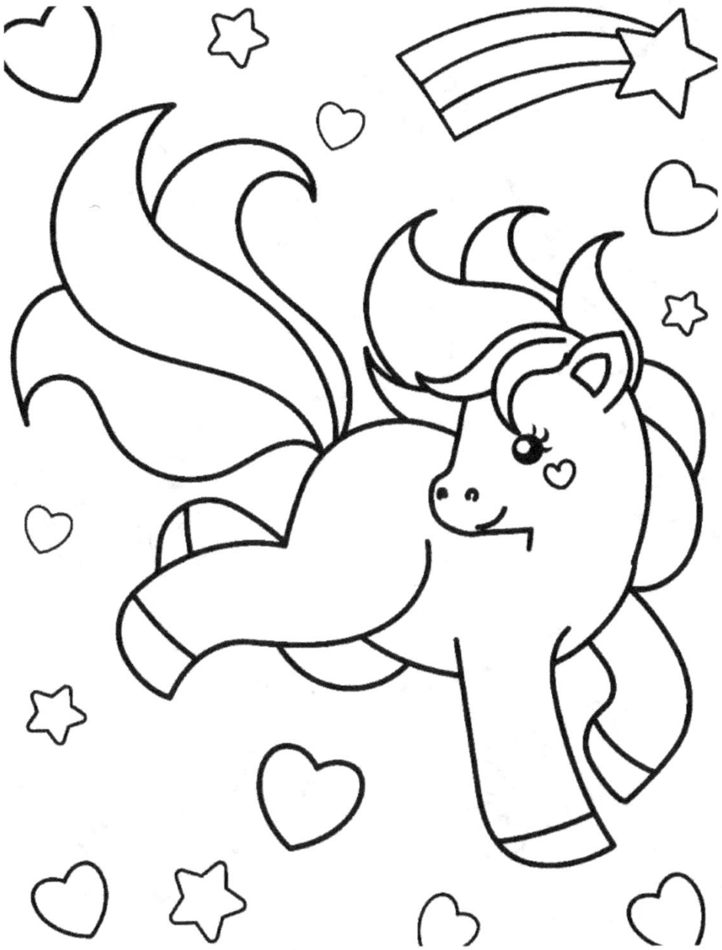

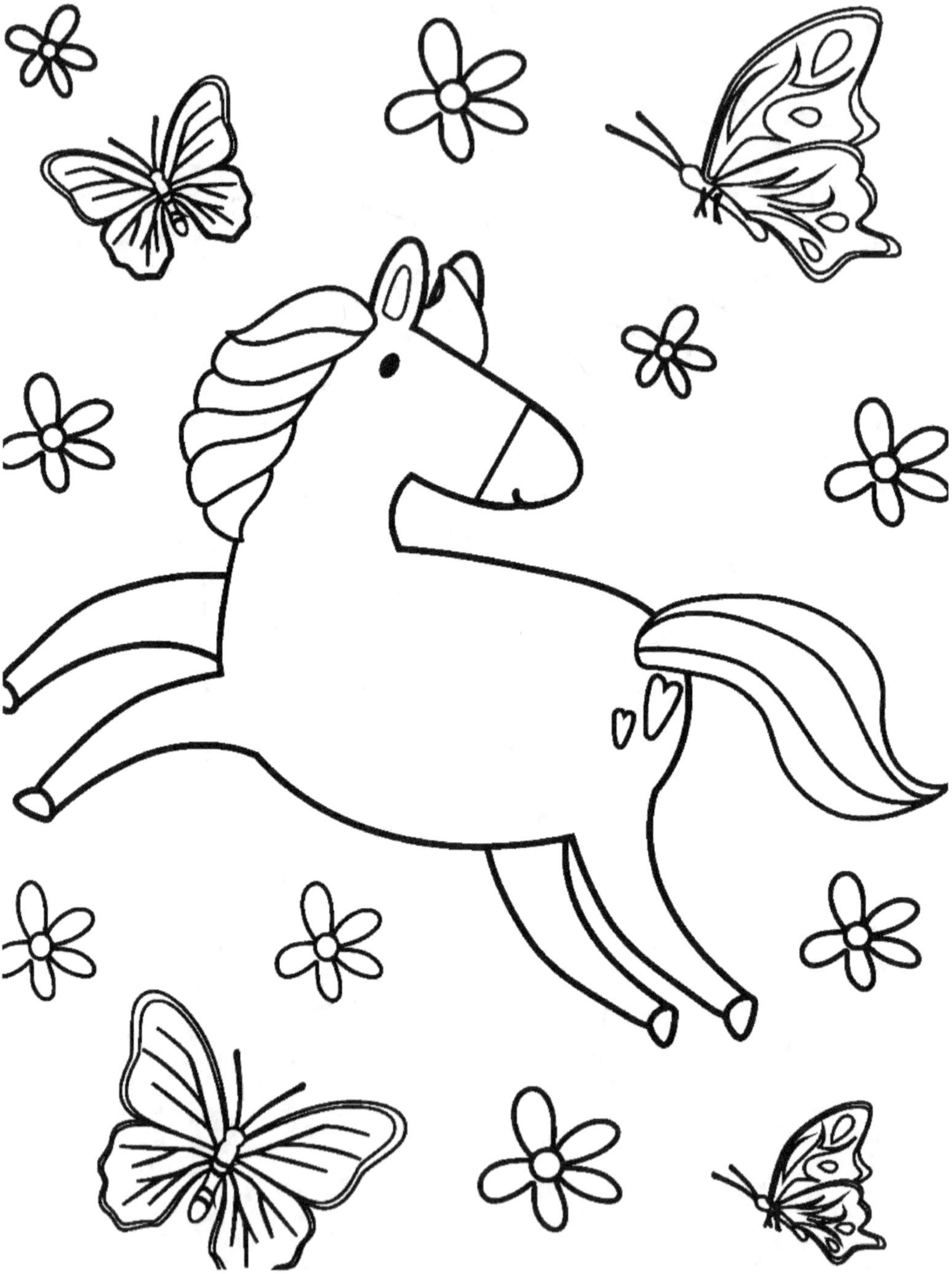

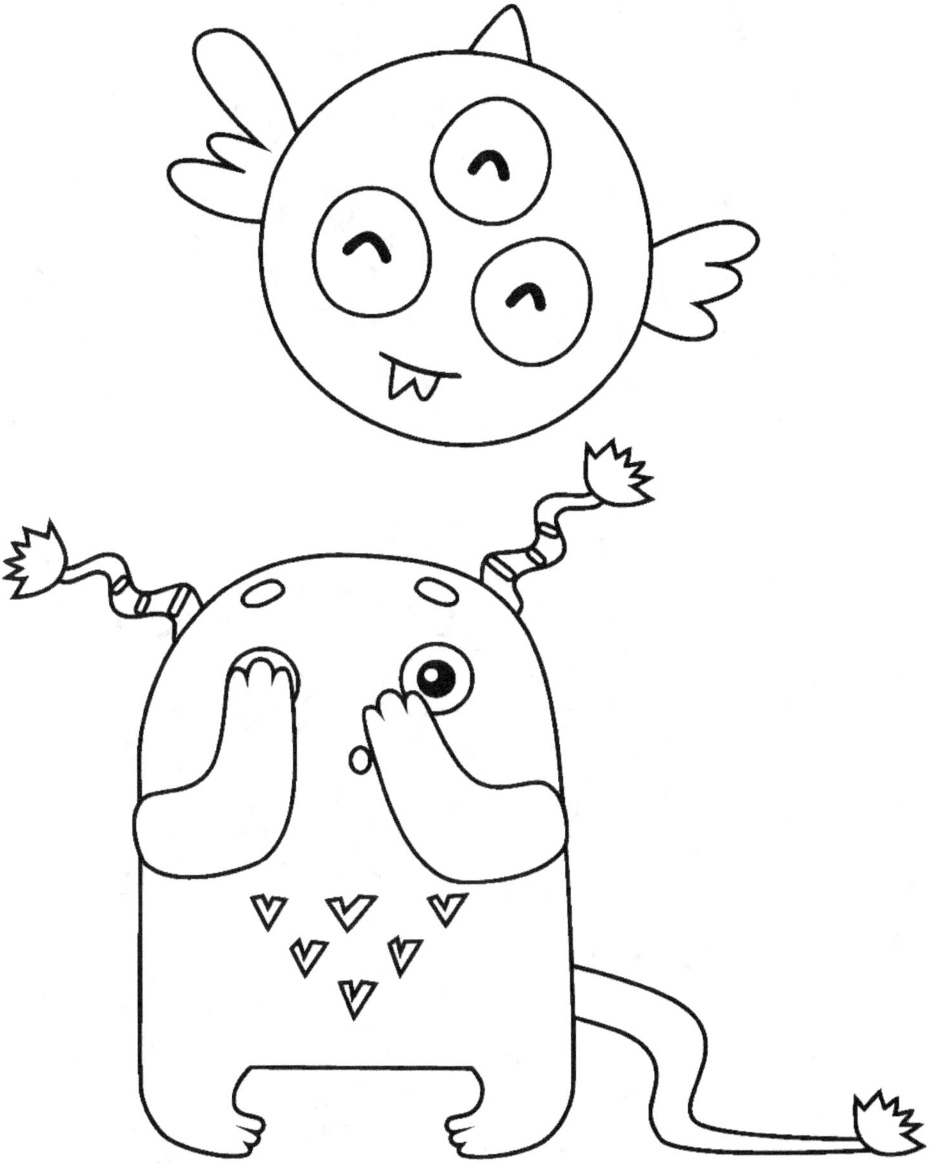

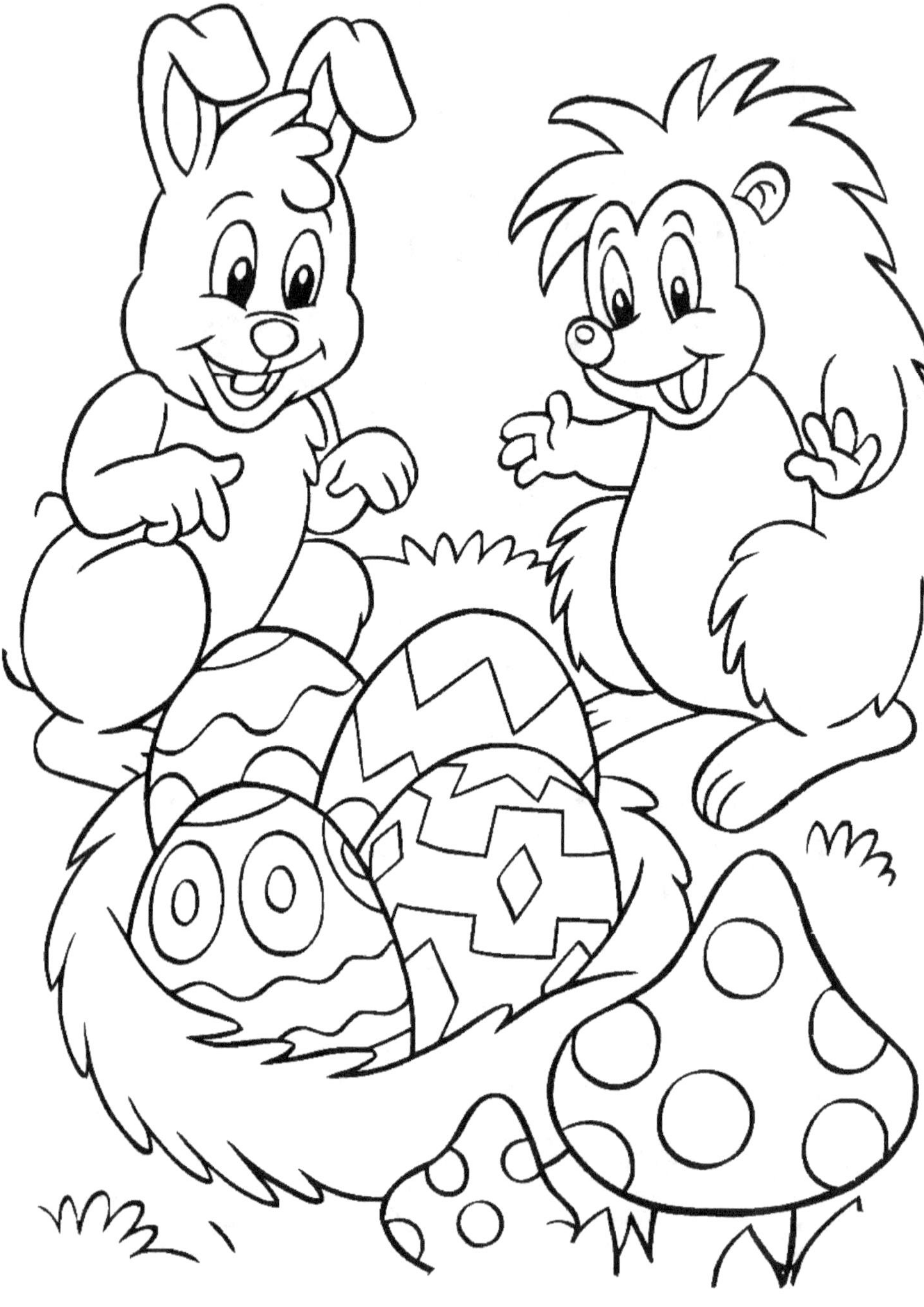

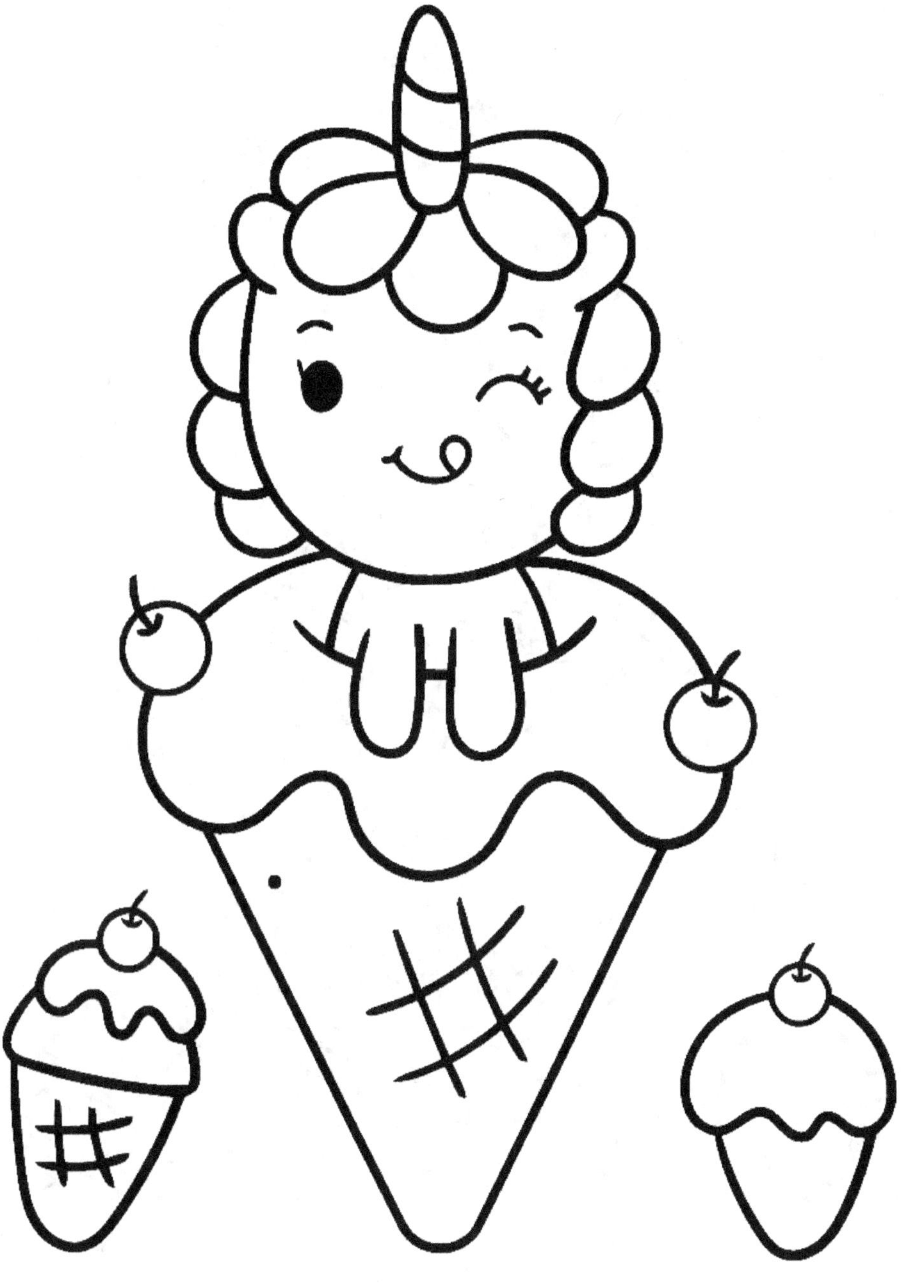

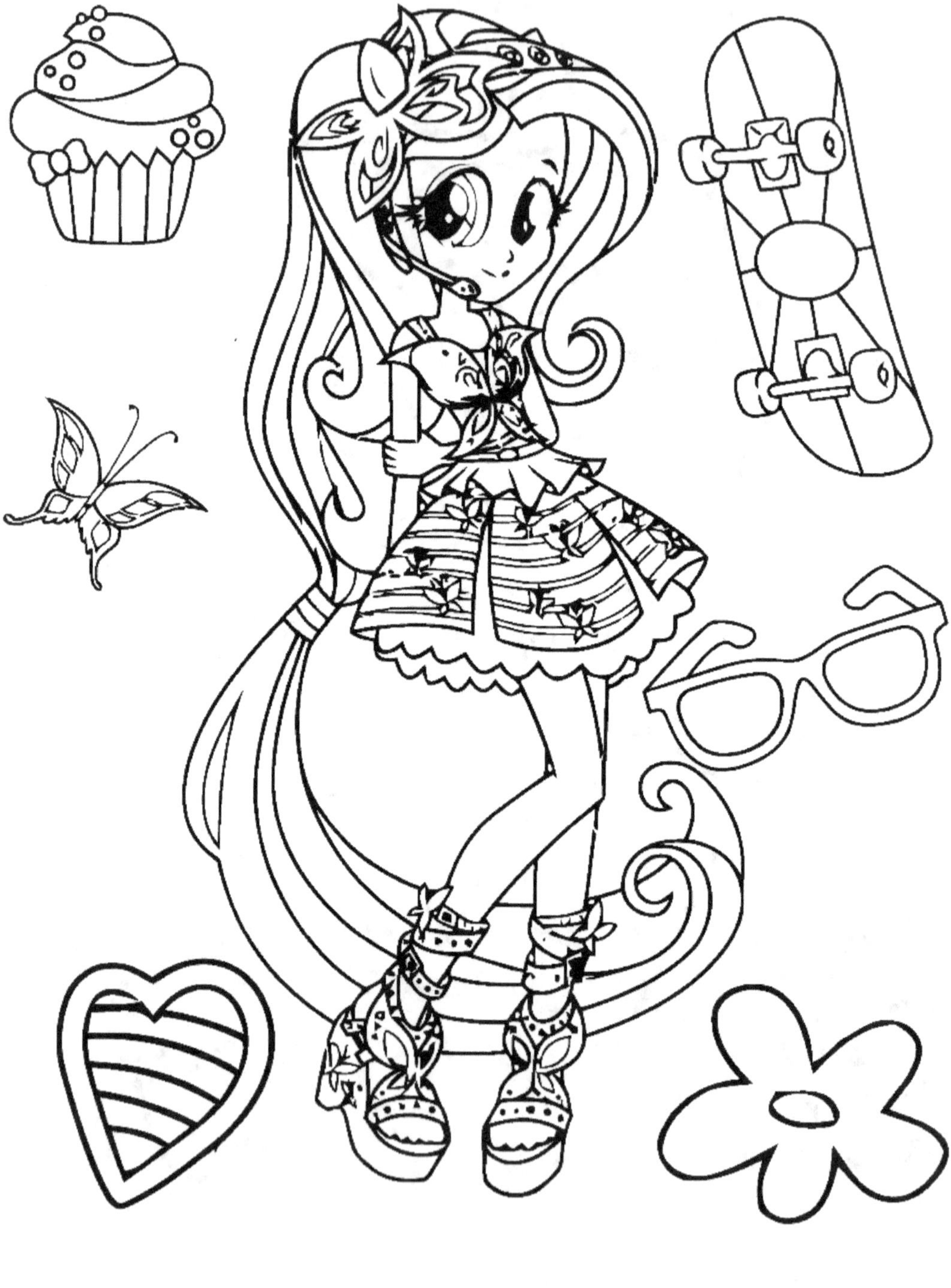

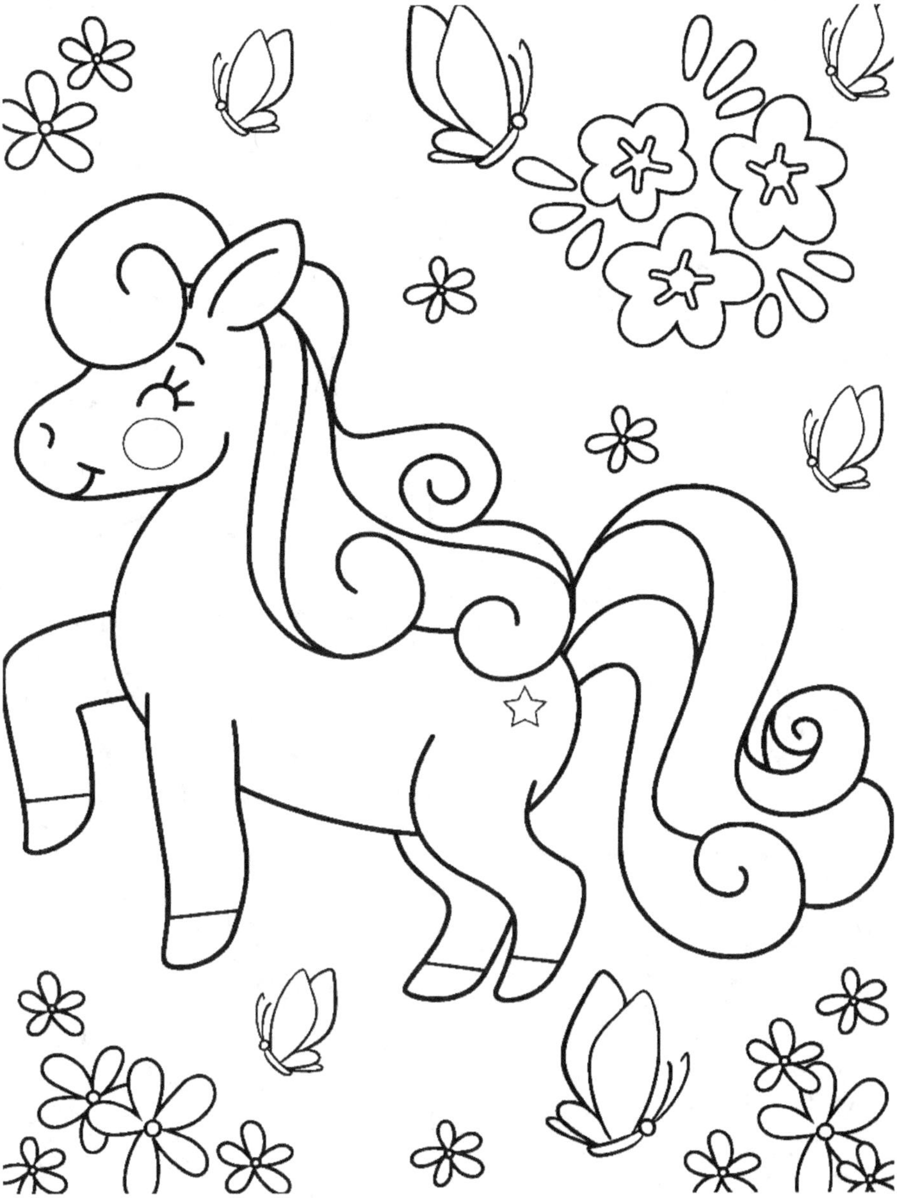

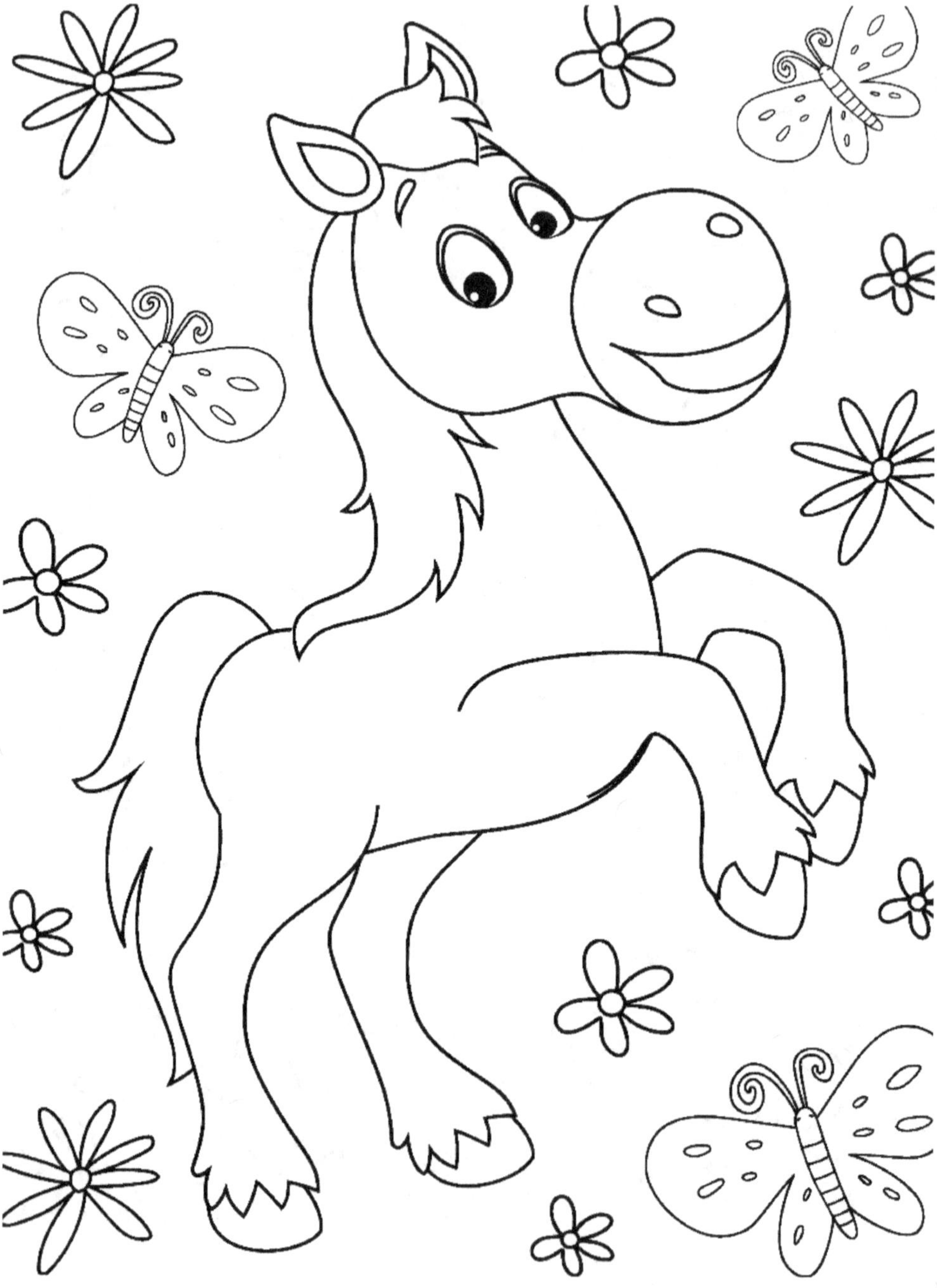

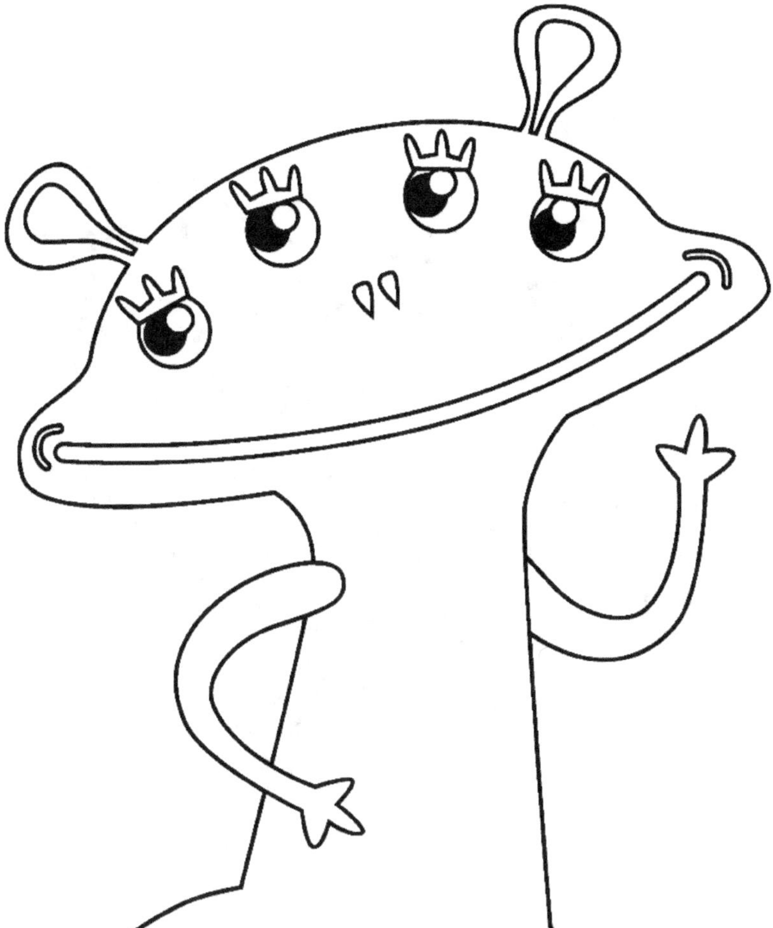

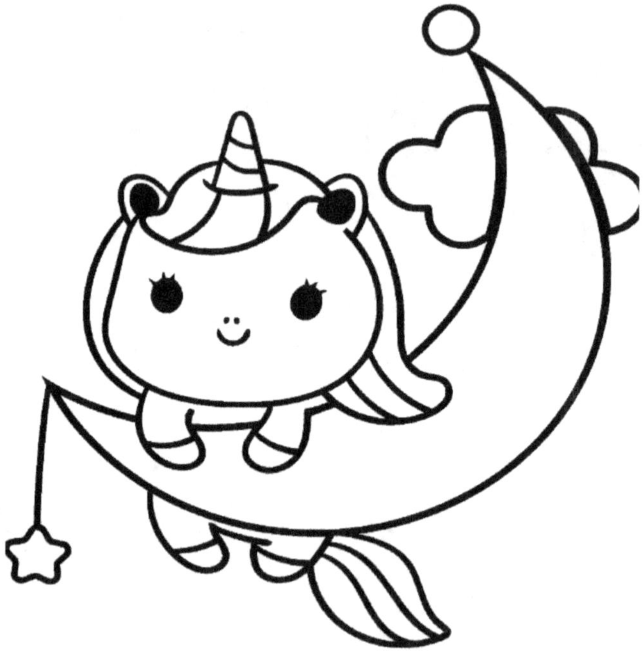

www.ingramcontent.com/pod-product-compliance
Lightning Source LLC
Chambersburg PA
CBHW070321220526
45465CB00013B/1987
* 9 7 9 8 3 7 6 1 2 2 7 4 7 *